文创产品设计与实践

主编 赵勤 安静 卢金燕

天津大学出版社
TIANJIN UNIVERSITY PRESS

图书在版编目（CIP）数据

文创产品设计与实践 / 赵勤，安静，卢金燕主编. 天津：天津大学出版社，2025. 8. --（江西省精品在线开放课程）（江西省一流本科课程配套教材）. -- ISBN 978-7-5618-8080-7

Ⅰ. G124

中国国家版本馆CIP数据核字第2025QC6286号

文创产品设计与实践

WENCHUANG CHANPIN SHEJI YU SHIJIAN

出版发行	天津大学出版社
地　　址	天津市卫津路 92 号天津大学内（邮编：300072）
电　　话	发行部：022-27403647
网　　址	www.tjupress.com.cn
印　　刷	河北鑫彩博图印刷有限公司
经　　销	全国各地新华书店
开　　本	889 mm×1194 mm　1/16
印　　张	8.5
字　　数	288 千
版　　次	2025 年 8 月第 1 版
印　　次	2025 年 8 月第 1 次
定　　价	85.00 元

本书编委会

主　编　赵　勤　安　静　卢金燕
副主编　李鸿祥　梁　捷　杨　超

前言
PREFACE

随着经济的快速发展和人们生活水平的提升，旅游业在全球范围内蓬勃发展。作为旅游产业的核心组成部分，文创产品逐渐成为旅游市场的重要一环。文创产品承载着民族文化、地域特色及历史记忆，是游客与旅行地文化之间的纽带。文创产品主要包括生活用品类、创意礼品类、土特产品类等，具有实用、收藏和鉴赏价值，浓缩了地域风情与民俗文化，能让游客留存美好的旅行记忆。本书基于实用创新理念，深入浅出地阐述文创产品的设计方法、艺术规律、造型基础、表现形式等，帮助读者快速掌握文创产品的创意设计与表现技巧。

本书立足于我国旅游业蓬勃发展的时代背景，积极响应《高等学校课程思政建设指导纲要》要求，深入贯彻党的二十大精神，在编写过程中注重将思政元素与学科知识有机融合，紧扣立德树人根本任务，践行产教融合、校企双元育人理念。针对文创产品的实际需求，本书提出了创新性、前瞻性的设计思路，并强调对地域文化的深度挖掘与表现。本书通过项目化的结构设计，帮助读者全面掌握文创产品的设计方法与技巧，激发学生和从业者的创新能力，培养兼具社会责任感与文化自觉的设计人才。

本书内容主要包括文创产品概述、文创产品的分类、所在地地域文化元素分类、地域文化元素在文创产品中的运用及设计实践、文创产品的设计要点、文创产品的研究价值、文创产品赏析。全书主要有两个特点：一是逻辑关系强，知识点前后衔接、由浅入深，通过实例分析引出相关知识，既突出了重点与难点，又全面介绍了相关内容，结构完整；二是图文结合，引用了大量图片作为理论的佐证，避免了沉闷乏味的叙述，增强了说服力。另外，本书配套在线开放课程，读者可扫描二维码进行在线学习。

本书具有以下特色。

（1）思政元素与教材内容有机融合。本书深入贯彻落实党的二十大精神，通过深入挖掘地域文化和民族特色，增强文化自信，有机融合思政教育，着力培养学生的文化认同感与创新精神。书中内容不仅关注设计技能的培养，还注重价值观的引导，强化学生的社会责任感和历史使命感。

（2）产教融合与校企双元育人。本书立足教学需求与行业发展，汇聚学术界与企业界专家意见，打造了一本实践性强的教材。通过案例分析，帮助读者直观了解实际市场需求与设计流程，增强其与产

PREFACE

业对接的能力。

（3）项目化设计，任务驱动学习。本书采用项目化、任务驱动的结构设计，将理论知识与实践操作有机结合。通过真实案例分析和任务引导，鼓励读者在动手实践中学习。每个章节的设计不仅注重理论讲解，还通过设计任务和创意拓展，提升读者的实践能力和创新思维。

（4）图文结合，增强可视性和易学性。本书采用大量插图和案例展示，有效避免了纯文字叙述的枯燥，以图文并茂的形式使学习内容更加直观，帮助读者更好地理解设计技巧和核心理念。

（5）在线开放课程与互动学习。为了进一步提升学习效果，本书配套在线开放课程，读者可以扫描书中的二维码，直接进入在线学习平台，观看微课、动画等多媒体资源，开展互动学习，突破传统课堂教学的局限。

本书既可作为旅游管理、文化创意、艺术设计等相关专业的本科生及研究生的学习教材，也可作为从事文创产品设计、开发与营销行业从业人员的参考书。此外，本书还可作为高校思政课程的辅助教材，帮助学生将专业知识与思想政治教育相结合，培养全面发展的创新型人才。

本书由江西科技师范大学赵勤、延安大学西安创新学院安静、桂林电子科技大学卢金燕担任主编，江西艺术职业学院李鸿祥、广东财贸职业学院梁捷、清远市技师学院杨超担任副主编，全书由赵勤统稿、审定。同时，书中也引用了部分国内外的研究资料，尽管已尽力注明出处，但由于篇幅和时间限制，未能一一列举，特此向相关作者表示感谢，并深表歉意。

由于编写时间仓促，加之编者水平有限，书中难免存在疏漏及不妥之处，敬请广大读者提出宝贵意见和建议。

中国大学慕课网址：https://www.icourse163.org/course/JXKJSF-1449645162；超星慕课网址：https://mooc1.chaoxing.com/course/244805299.html。

编　者

课时安排

ARRANGEMENT OF CLASS HOURS

章名	重点掌握内容	教学课时 / 学时
第 1 章　文创产品概述	本章将介绍文创产品的基本概念与定义，帮助学生理解其在现代旅游产业中的重要性与多重功能。文创产品不仅是具有实用性和收藏价值的商品，还承载着浓厚的地域文化和历史内涵	8
第 2 章　文创产品的分类	本章将详细介绍文创产品的不同类别，包括生活用品类、创意礼品类、土特产类等，帮助学生掌握这些产品的特点与设计要求	10
第 3 章　所在地地域文化元素分类	本章将带领学生了解所在地地域文化元素的分类，涵盖自然景观、历史文化、民俗传统、地方艺术等方面的元素	8
第 4 章　地域文化元素在文创产品中的运用及设计实践	本章将重点讲解地域文化元素在文创产品设计与实践中的运用方法与设计原则。学生将学习如何将自然景观、历史文化、民俗艺术等地域文化元素融入文创产品设计，确保在保持文化原貌的同时进行创新表达	10
第 5 章　文创产品的设计要点	本章将系统讲解文创产品设计与实践的核心要点，包括实用性、文化性与艺术性的平衡。学生将通过学习如何在设计过程中加强功能性与美学之间的协调，了解色彩、材质、造型等设计元素对产品的影响	12
第 6 章　文创产品的研究价值	本章将探讨文创产品的学术研究价值与社会意义，帮助学生理解文创产品在文化研究、产业发展与社会变革中的作用	8
附录　作品赏析	通过赏析典型文创产品，帮助学生深入理解成功的设计案例。学生将学习如何从设计理念、创意表现、市场反响等角度进行分析，从而总结成功经验与失败教训	12

目录
CONTENTS

CONTENTS

第1章　文创产品概述

■ 本章导读

本章主要介绍旅游文创产品的背景与现状，重点讲述旅游文创产品在旅游产业中的作用和发展态势。旅游文创产品承载着游客对目的地的文化记忆与情感寄托，不仅是物质化的纪念品，更是当地文化、风景和历史的载体。在设计这类产品时，需要将地域文化特色与创新设计理念相融合，确保每件作品都兼具文化内涵与艺术价值。

■ 学习目标

1. 理解文创产品的定义及其在文化产业中的地位。

2. 掌握文创产品的作用和意义，特别是其对地方文化传播与经济发展的推动作用。

3. 探讨文创产品在旅游产业中的应用与发展趋势。

4. 深入理解文创产品如何通过设计创新来增强文化自信，并促进不同文化之间的交流。

通过对文创产品的学习，学生能够认识到文化是一个国家和民族的根基。文创产品不仅是商品，更是构建文化认同与促进文化传承的重要载体。通过学习文创产品的设计与实践，学生能够树立正确的价值观，增强对中国传统文化的认同感和自豪感，从而提升文化自信，为社会主义文化的繁荣发展贡献力量。

■ 知识结构图

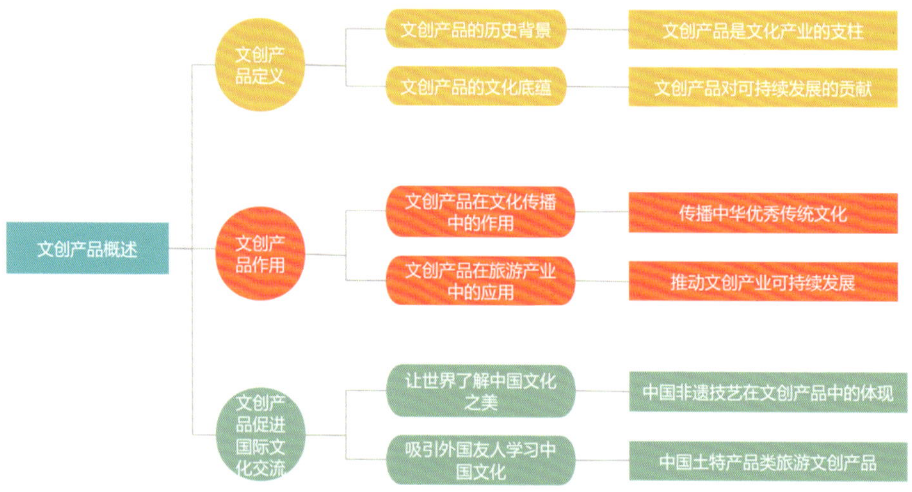

近年来，第三产业发展迅速，旅游业尤为明显。随着旅游业的发展和传播，旅游文化的载体也随之发展，旅游文创产品作为其中之一发展得尤为迅速。旅游文创产品包含许多种类，其中旅游者在游玩过程中购买的旅游产品也是其中的一种，而且随着时代的发展范围在不断地扩大。旅游文创产品可以说是旅游者对旅游地点的美好回忆和向往，同时，也是对当地文化象征的了解和特有的体验，以及对旅游时光的特殊回忆和留念。旅游文创产品应该发挥其主要作用，使游客不仅可以从中得到纪念和安慰，同时又反映出当地的地域文化。如陕西西安，那里的旅游文创产品设计大多与兵马俑有关；广西北海，那里的旅游文创产品设计大多与海有关；甘肃敦煌，那里的旅游文创产品大多与莫高窟有关。每个地方的旅游文创产品同时也是该旅游地的一种文化表现。旅游文创产品的设计同时也包含了当地的风土人情、地域文化和自然景观。旅游是在特定的环境和区域下进行的活动，游客会通过购买旅游文创产品来留住旅游时的美好时光以供之后进行回忆，同时，送给身边的亲朋好友。旅游文创产品不仅要满足游客的这一需求，还要充分反映出当地的文化特色。

旅游文创产品作为旅游文化中必不可少的一部分，其收入已经成为旅游收入的重要组成部分。旅游文创产品不仅推动着旅游业的发展，而且在一定程度上传播了该地区的特色文化。

文创产品的背景

1.1 文创产品的背景

随着国内人均 GDP 的不断增长，旅游业持续发展，中国人均出游率大幅度上升，旅游业开始快速发展。人们生活质量的逐渐提升，对社会发展和文化进步有着重大的意义和作用。因此，国民生活水平提高，生活质量也在发生变化，文化与旅游业相互交融的大环境下，传统的旅游已经不能满足游客现在的需求，旅游业的改革升级已经迫在眉睫。在旅游产业升级过程中，可通过供给侧结构性改革进一步挖掘产业动能，将旅游业的高质量发展落到实处，最终满足人民群众日益增长的需求。因此，旅游文化创意产业逐渐发展升级，对国内旅游行业的进步及发展有着非常重要的意义。随着文化创意产业的逐渐发展，旅游文创产品出现在大众视野中，并成为传统旅游业提升的新载体。我国大力研究开发旅游文创产品，并以旅游文创产品为主体，进一步打造旅游业发展的新形式。旅游业中最重要的组成部分就是旅游文创产品，旅游文创产品对旅游业的进一步提升有很大的作用。旅游的灵魂是文化，文化的载体是旅游，文化与旅游交融发展、相互促进、共同进步是旅游行业转型升级的重要一步，旅游文创产品设计是文化与旅游相互交融、进一步跨越发展及转型提高中重要的一个环节。

“以文促旅，以旅彰文”，高水准的旅游品质需要深厚的文化支撑，丰厚的文化内涵是旅游产品开发的创新源泉。旅游文创产品给当地旅游文化的提升带来了机会，同时，也发展了当地的旅游经济；随着国民生活水平的不断提升，游客不再采取之前的拍照式的旅游方式，而是更注重旅游过程中的体验及感受，这也成为现在旅游业提高发展的一部分。游客到达一个景点，通常会购买当地的旅游文创产品留作纪念，如工艺品、小饰品等。旅游文创产品被购买后通常会有几种不同的用处：一是人们自己用或装饰；二是旅游纪念；三是送给家人或朋友。人们购买旅游文创产品通常会将它当作此次旅行的纪念，依据心理学家的说法，大多旅行回去的游客会向身边的家人、朋友讲解自己在旅行过程中的所见所闻。购买旅游文创产品作为旅行的礼物送给家人、朋友，这样即使没有听讲解的朋友也能通过礼物有所了解，也能体会到在旅行中的感受。旅游文创产品作为一种没有声音的广告，在以另一种方式宣传地方旅游文化。

改革开放加快了我国现代化建设的步伐，以加入世界贸易组织为标志，中国全面融入世界经济体系，国际地位不断提高，人民生活水平显著改善，生活更加丰富多彩。在经济全球化的浪潮之中，中国人民的物质生活和文化生活已进入了一个与世界同步的时代，与此同时我国进入“大众旅游”时代，旅游业及其相关行业都迎来了发展的黄金时期，并持续领跑宏观经济。

旅游业是改革开放的产物之一，而黄金周又是旅游业的重要时刻。中国春节也成了全球黄金周，近年黄金周旅游现象是我国旅游业发展中的重要现象，黄金假日旅游的蓬勃发展，也满足了国民日益增长的旅游需求。越来越多的人选择在黄金假日里出行旅游，以此欢度佳节，因此，各大景区游客数量剧增。很多人在普通节假日、双休日也会选择在周边景点观光游览。人们选择在假期出行，也进一步促进了社会经济的发展及旅游行业的提高，旅游行业的发展成为我国经济发展新的增长点。

根据文化和旅游部公布的 2024 年度国内旅游数据，我国旅游业呈现持续增长态势，市场规模稳步扩大，并继续引领宏观经济复苏。国内旅游抽样调查统计结果显示，2024 年国内旅游总人次达 56.15 亿，较上年同期增加 7.24 亿，同比增长 14.8%。这一增长趋势表明，2024 年国内旅游人数较去年同期实现显著增长（图 1-1-1 ～图 1-1-3）。

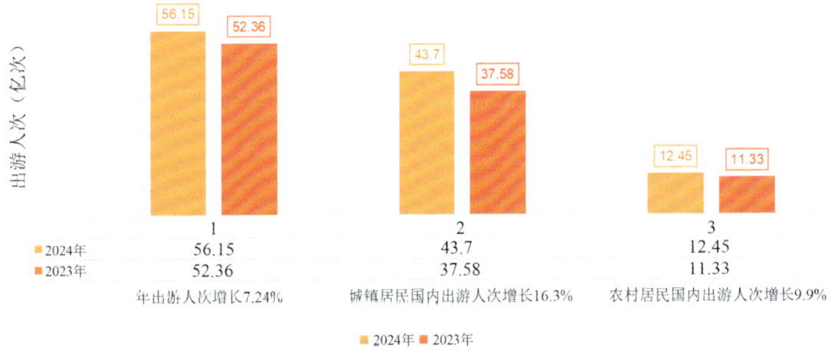

图 1-1-1　2023 年和 2024 年国内出游人次统计
（数据来源：文化和旅游部，图片来源：李鸿祥自制）

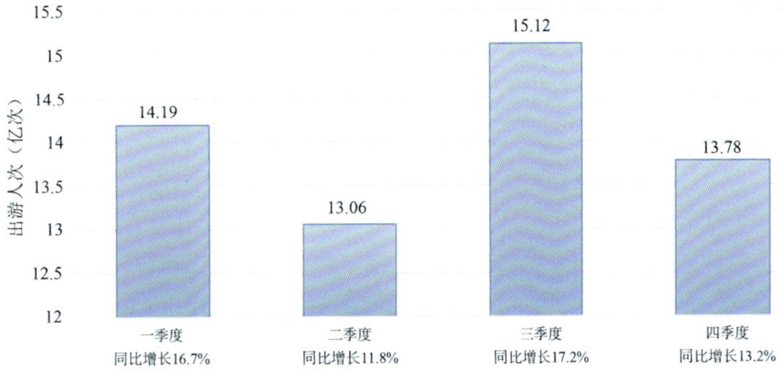

图 1-1-2　2024 年分季出游人次统计
（数据来源：文化和旅游部，图片来源：李鸿祥自制）

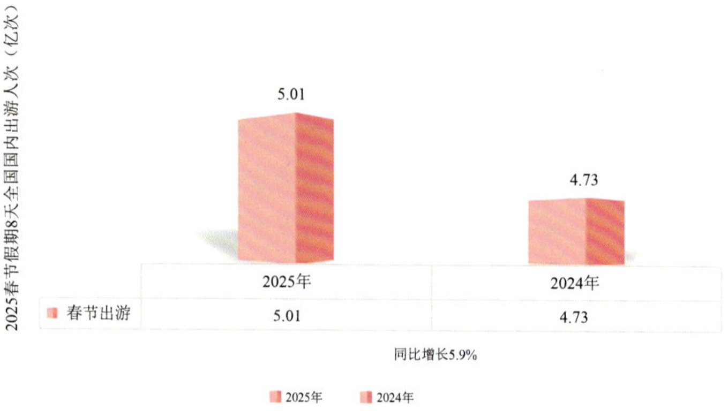

图 1-1-3　2025 年春节假期文化和旅游市场情况
（数据来源：文化和旅游部，图片来源：李鸿祥自制）

与此同时，2024 年我国国内旅游消费规模也呈现出不断增长的趋势。2024 年，国内游客出游总花费达 5.75 万亿元，较上年增加 0.84 万亿元，同比增长 17.1%。从结构上看，城镇居民旅游消费贡献突出，总花费达 4.93 万亿元，同比增长 18.0%；农村居民旅游消费达 0.83 万亿元，同比增长 12.2%（图 1-1-4、图 1-1-5）。

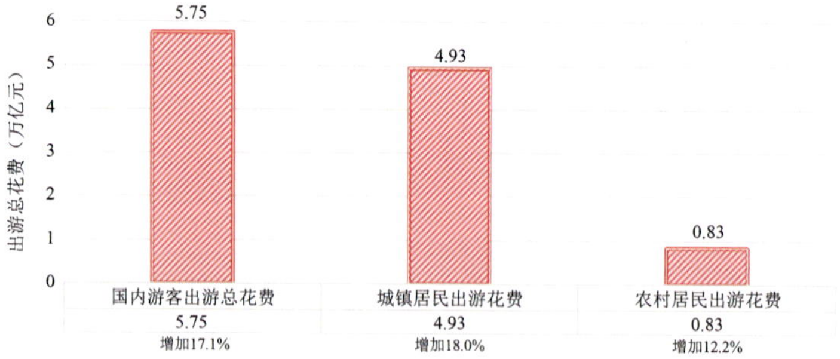

图 1-1-4　2024 年国内游客出游总花费
（数据来源：文化和旅游部，图片来源：李鸿祥自制）

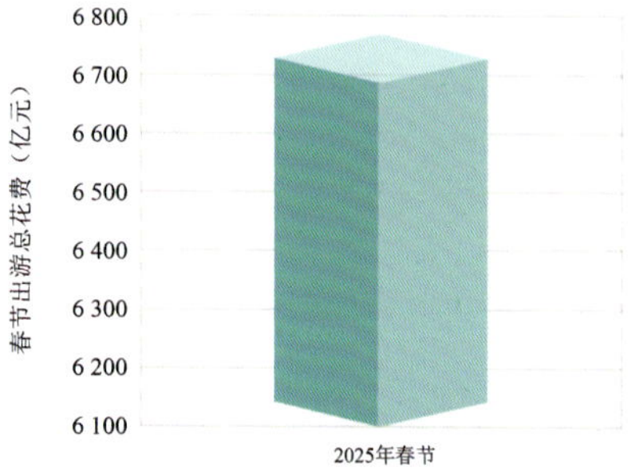

图 1-1-5　2025 年春节出游总花费
（数据来源：文化和旅游部，图片来源：李鸿祥自制）

中国国家移民管理局最新数据显示，2024 年全国移民管理机构累计查验出入境人员达 6.1 亿人次，同比上升 43.9%。其中，内地居民出入境 2.91 亿人次（同比上升 41.3%），港澳台居民 2.54 亿人次（同比上升 38.8%），外国人 6488.2 万人次（同比上升 82.9%）。说走就走的“中国游”为世界打开了了解中国的新窗口，架起了中外交流的新桥梁，向全球展现了一个真实立体、多元包容和充满活力的中国形象（图 1-1-6）。

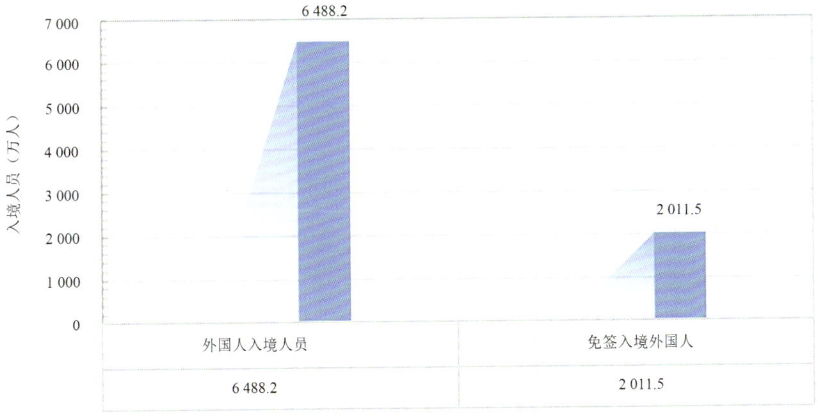

图 1-1-6 2024 年入境外国游客统计
（数据来源：文化和旅游部，图片来源：李鸿祥自制）

1.1.1 旅游文化的历史

2009 年 12 月 1 日，国务院发布《国务院关于加快发展旅游业的意见》。这个文件是新时期国务院对于我国旅游行业发展的第一个文件，党中央、国务院在每个重要的历史发展时期都对第三产业的旅游行业提出新的目标和要求，而这次《国务院关于加快发展旅游业的意见》具有明确的新时期特点，意义重大，堪称里程碑式的文件。21 世纪以来，中国成为世界上最大的旅游市场。无论是海外游客慕名而来，激活中国的旅游市场，还是中国公民走出去，到异域观光旅游，都显示中国将成为世界旅游业潜在的客源市场。那么，如何让前来中国旅行的游客觉得不虚此行？这就不仅要让他们亲眼见证中国的风貌，更要通过影视、书籍等媒介帮助他们深入了解中国文化。而要做到这一点，旅游从业人员自身必须熟悉中国文化、通晓中国历史，并通过优质的服务将这些文化内涵传递给游客。未来承担旅游业津梁重任的大学生应以高于现有业内人员的素质进入这些岗位，这样不仅有经济实力、管理实力，还有文化实力，才能在竞争中立于不败之地。

首届中国旅游文化学术研讨会在 1990 年 10 月召开，本次研讨会提出：社会生活方式和文化活动是与旅游文化密切相关的，旅游主体、旅游媒体和旅游游客之间相互作用，共同产生物质和精神成果。旅游文创产品是以旅游的多种要素为依据，作用于旅游生活中的一种特别的文化形态，是游客在旅行过程中物质和精神的汇总，形成了比较完整的体系。随着国民生活水平的不断提升，更多的人将旅游作为度假休闲的最佳选择。旅游文创产品作为旅游文化中不可缺少的一部分，在一定程度上宣传了当地的特色文化。能够成为旅游文创产品，是因为它蕴含着本地区明显的特色。因此，从这个角度上来说，地方特色是旅游文创产品最本质的属性。每一种新的文化形式的提高，都是社会生产力达到特定的水平的结果，同时，也是社会文化发展到一定程度的结果。随着旅游业的不断发展，旅游业对社会文化的需要和依靠也越加显著。

旅游与文化的深度融合，已经成为旅游产业升级的关键。目前，这种融合主要体现在景区与文化的结合上，但作为旅游产业链中重要环节的旅游文创产品设计却长期被忽视，这已成为制约旅游业发展的一个主要因素。旅游文创产品内涵的丰富性、景区中的文化性及趣味性，都对旅游业的发展起着重要的作用。促进旅游业发展需要拥有自己的文化形式，这也是所谓的旅游文化，广泛的理解就是旅游文化是人类所创造的精神和文化的汇总。以内在价值为依据，体现在吃穿住行及旅游行业队伍的建设等形态中，与多种因素都有关系；以吃穿住行玩为主要依据，以旅游主体与游客之间的关系为基础，作用于活动的整个过程。

作为文化旅游的重要组成部分，历史文化旅游在这几年得到了快速的发展，历史文物古迹是发展历史文化旅游的重要资源。文化旅游随着我国旅游业的快速发展，也越来越成为人们选择的目的地。而文化旅游中以文物、史迹、遗址、古建筑等为代表的历史文化旅游近几年也得到快速的发展。

1.1.2 旅游文创产品的由来

为了改变我国城市和旅游景区的旅游商品的一致化现象，进一步提高旅游文创产品的市场发展水平和提高旅游文创产品的产业化水平，旅游文创产品的研发设计既需要实时更新，也要以游客的需求为重点，通过旅游文创产品记载更多特色的文化价值，从而进一步提高旅游体验。市场上饰品、摆件、家具用品、日用品、文具等均可成为旅游文创产品。一件有创意的产品加上情感设计是消费者所期待的，产品具有文化艺术价值及智慧创意价值，会让消费者喜欢且产生相应的购买行为，这是文创产品能够销售出去并且大热的理由。文创产品起源于英国，英国悠久的历史文化背景及人文素养和资本化的工业文化提供的丰厚土壤催生出了“文化创意产品”这一概念。作为刚走进国人生活不久，热议度颇高的一种“精神”产品，文创产品其实在英、美、法、德、日本等国家风靡已久。我国的旅游文创产品设计的产生也有较长的历史，只是开始不被人所熟知，因此缺少总结。我国古代出现的丝绸陶器都是带有装饰性的，这些作品在当时是人们的文化认知，符合当时人们的价值观。丝绸带有明显的中国文化，在丝绸花纹设计上就可以看出，把当时最为流行的纹样运用到丝绸的花纹设计上，就是典型的旅游文创产品。随着时代的发展，设计的理念开始慢慢引入我国，很长一段时间乃至现在都在探寻如何将传统文化与现代设计相互融合起来，慢慢地我国的传统文化设计甚至成为引领时代的重要设计主题，在探寻过程中也随之产生了旅游文创产品设计；如大火的故宫文创系列产品借传统造型来塑造现代产品的外形。在一定程度内，旅游文创产品以旅游纪念品的方式进入市场，由于本土文化一般以旅游业进行传播，所以目前多数情况源于“本土文化”的旅游文创产品具备旅游纪念品属性，可理解为旅游文创产品是旅游纪念品的一种，也是近几年旅游纪念品行业的生力军。而旅游纪念品，其中还包含传统文化的各类具有特色的本土化的产品，如土特产品、手工艺品等。

在大众物质生活水平普遍提升后，就会进一步想在精神层面获得满足。当对产品的精神寄托及美感追求超越了实用价值时，消费者就会心甘情愿地为此类产品的溢价买单。

从风靡全球的漫威系列及火爆全网的故宫文创，追溯到更早的 1986 年《西游记》大火之后大街上随处可见的金箍棒和美猴王面具，这些都是大众追求更高的精神文化生活的体现。

文创产品源于文化主题，这类文化主题具有以下三个特点。

（1）知名度高（传播快速，吸睛度高）。

（2）有一定受众，甚至有一批研究者。

（3）历经较长时间沉淀下来，有足够的背景故事可挖掘。

在此类文化主题上加入设计师的创意，将文化寄托于产品上使之实用化，让产品成为文化载体，更好地融入日常生活中。在满足物质性功能的基础上，加入了大量的精神文化，更多地满足精神层面需求。

设计师需要把当地的故事通过旅游文创产品设计表现出来，也就是设计到旅游文创产品中，这样的旅游文创产品才能被消费者所喜爱，否则旅游文创产品设计就不会被消费者所接受，最终沦为地摊商品。做旅游文创产品设计，脑子里没有想法、不去查资料是设计不出来的。带有明显属地性质的文创产品，如与博物馆、美术馆、景区合作研发的产品，是文创产品设计的大类。旅游文创产品的发展规律是产业化，终极目标是形成一个独立的产业，并为所有实体经济服务。旅游文创产品的核心资产是“无中生有”的知识资产，外在表现形式是知识产权的无形资产，产业特征是轻资产运作。

文化创意产品追求外表的独特性和内在的深刻性，是设计师创造性的产物，它通过创造力开启了新的产业链且为人类的精神生活带来了新奇的享受。不被动地迎合市场是文创设计的要旨。满足目前消费者的心理需求，主动创造新的需求，进一步激发消费者的购买欲望，这样才能进一步开发新的产业链。国民经济的比重和文化创意的占比能够反映出一个地区或国家的文创产业发展状况。随着人民生活水平的提高，人民日益增长的物质文化需求是促使文化创意产业繁荣与兴盛的基础。中国文化产业的发展分为三个阶段：第一阶段是 1949 年至 2002 年，该阶段称为文化事业阶段，主要满足文化生活需求；第二阶段是 2002 年至 2012 年，该阶段是文化产业的初级阶段，逐步形成重要的经济板块；第三阶段是 2012 年至今，该阶段是真正的文化事业 + 文化产业阶段，未来前景不可估量。

从我国目前文创产业的现状来看，我国的文创产业正处于低级的阶段，发展空间很大；各级政府已经出台政策扶持文创行业的发展，两者结合，文创产业的未来会是一个兴起的阶段。虽然文化产业大趋势向好，文化创意产业发展较快，但目前存在的问题也不少。文化产业起步晚，与国外同行业水平仍有不小的差距。

随着一批优秀的文创企业的崛起，不断有好的产品达到行业的领先水平，传统文化的继承者们也与时俱进，不断有极具设计感的传统手工艺品进入人们的生活。故宫文创、王的手创、朱炳仁铜、平加扇艺、青锦等一批将传统文化加以现代化设计的优秀品牌脱颖而出，为行业树立了良好的榜样。

文创产品的现状

1.2 文创产品的现状

目前，旅游文创产品对大部分人来说是纪念物或工艺品，经济的提升将更多的关注点放在销售量上，在对地区的形象宣传及区域文化信息传递的表现上相对较弱。旅游文创产品一般由所需要的载体和文化创意内容两个方面组成。然而部分产品在文化创意内容上表现得过于直接，在产品与受众的对话当中表现得过于直白，在语言的传播上也与中国特有的谦虚、含蓄、内敛并不相符。设计与功能没有有效结合，产品的实用度较低，这样的问题就造成了文创产品在受众手中的时间大大缩减，即使其本身的质量并没有问题，但当其被频繁更换就导致原材料被大量浪费，成型的产品没有发挥价值，着实是对资源的一种浪费。产品非但不能起到文化传播的作用，还会让受众对区域文化产生消极的观念。

随着时代的发展和社会的进步，人们在基本的生活条件得到满足的基础上对生活品质的需求也随之增加。如今社会经济迅猛发展，人民的生活水平也比之前提高了很多，因此，人们越来越注重生活质量的提高，旅游成了陶冶生活的最佳方式之一，人们在旅游放松身心的同时也满足了精神层面的需求。随着生活水平的逐渐提升，人们对于旅游的需求已经提升到对精神满足和文化享受的阶层，旅游的过程便是欣赏、体验、经历、获取的整个过程。如果人在 个环境待久了，就会失去敏感度，没有激情，所以需要出去旅游，因此，旅游是每个人与生俱来的本能，也是适应新时代的重要生活方式。从国家统计局数据分析来看，我国国内旅游人数近五年呈现显著上升的趋势，这也间接地说明了人们越来越重视精神层面的满足。旅游文创产品记载着游客在旅行过程中的记忆，它不仅能够唤起消费者记忆深处的烙印，更能激发消费者的情感。消费者内心的情感会随着心情的变化而发生改变，可以说是不断变化的，不同的旅游文创产品可以不同程度地触动消费者的内心，消费者在挑选旅游文创产品时也会融入当时内心的情感，因此，设计师在设计旅游文创产品时要适当融入情感，充分抓住消费者内心需求。

旅游文创产品体现的情感价值最重要的就是针对精神层面所带来的认同和享受，其次是设计方面的视觉冲击力。消费者在挑选和购买旅游文创产品时，希望能够体会到其情感的归属，因此应从设计和情感两个方面出发，造就情感和设计两个方面完美契合的旅游文创产品，抓住消费者的注意力，增强旅游文创产品的吸引力和感染力，从而进一步提升旅游文创产品的收藏价值、文化价值和经济价值，并为其找到新的发展视角和新的发展空间。

1.2.1　国内文创产品的现状

“五位一体”“四化同步”成为旅游业不断发展的大背景。在这个背景下，我国发展旅游文创产品设计不再像之前只注重增加经济效益、促进经济发展，更注重的是保护环境、发展文化、提高地区和国家的形象等非经济功能。旅游文创产品设计在旅游购买中占据重要部分，因此，我国发展旅游文创产品设计也要迎合国家政策。旅游文创产品设计的开发不仅要扩大消费者的消费，更重要的是要打造当地的文化，提升当地的形象。随着人们生活水平的不断提高，旅游文创产品逐渐进入人们的生活中，作为旅游景区中无形的推销者，让旅游景区主动进入人们的视野中，使其主动了解景区文化。因此，传统且表达单一的旅游文创产品现在已经不能满足消费者更深层次的精神方面的需求。在重视游客需求的基础上进一步实现旅游文创产品特有的价值，这不仅是旅游模式下加强同游客关系的价值体现，也是游客的审美需求和感情升华的表现。目前，我国旅游业发展速度较快，旅游文创产品作为旅游业的重要增长点和重要组成部分日前危机重重。我国旅游文创产品相比国外旅游文创产品起步较晚、相对较少，占旅游收入的比例倒退的情况成为提高和发展旅游业的短板。旅游业目前不仅是民众的娱乐休闲，也慢慢发展成为一种经济行业，并且开始逐步产业化，旅游文创产品这一旅游业中的重要元素乃至必备元素也随着旅游业的壮大而发展。旅游文创产品目前相对设计感不足，整体单一性明显，更重要的是不能和当地文化相互融合，工艺方面粗糙，材料选择上合理度不够，所以，这样的旅游文创产品对游客来说没有冲击力，不能吸引游客的眼球（图 1-2-1）。

针对这一问题，对现有国内旅

游文创产品的研究方向与成果进行统计，在中国知网检索发现关于旅游文创产品方面的相关文献有 514 篇，大致分为三类：第一类是关于地域文化在旅游文创产品方面的运用；第二类是关于旅游纪念品包装的设计；第三类则集中在纪念品设计的方法论方面。相关论文分类所占比例如图 1-2-2 所示。

旅游文创产品设计在理论上对现有的关于消费者需求的关注很少，而在现实的旅游文创产品市场中，游客常常抱怨买不到中意的旅游文创产品，卖家又常常抱怨生意难做，这是因为游客潜在的购买需求没有得到有效的释放，这也是造成该地区旅游文创产品缺乏吸引力的主要原因之一。目前针对国内旅游文创产品的分析得出以下存在的问题。

（1）旅游文创产品市场同质化现象严重。在国内景区所销售的旅游纪念品中，独立研发部分并不多，有很大一部分不是本土生产，而是从外地订购加工后再回来销售，产品色彩上雷同且缺乏创新，单一性严重，呈同质化无设计纪念品的形势。如图 1-2-3 所示，两个不同旅游景区所销售的旅游纪念品在色彩和形式上都单一且无设计感，必然会使游客丧失购买欲望。不同景区的同类旅游文创产品几乎无较大差异，完全不足以吸引受众的关注。

（2）旅游文创产品市场呈现东拼西凑的现象。由于当前旅游文创产品的设计和开发没有专业人员把控，厂家在生产产品的过程中一味追求价格而忽略了景区定位的意识和质量问题，旅游文创产品中对特色景点及图案的转化不够精准独特，因此，大多旅游文创产品看不出归属景区，便无法传承和发扬景区的文化内涵。如图 1-2-4 所示，旅游市场上销售的文创产品从图案上看不出归属于哪个景区。

图 1-2-1　市场现有文创产品展示 1
（图片来源：李鸿祥自摄）

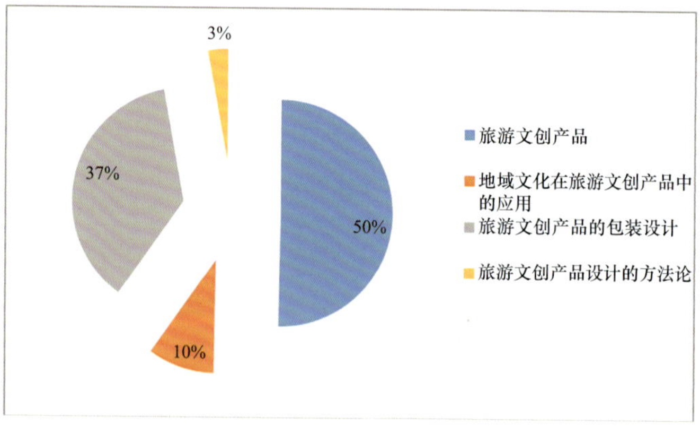

图 1-2-2　文创产品相关论文所占比例
（图片来源：李鸿祥自制）

图 1-2-3　市场现有文创产品展示 2
（图片来源：李鸿祥自摄）

图 1-2-4　市场现有文创产品展示 3
（图片来源：李鸿祥自摄）

（3）旅游文创产品市场呈现生搬硬套的现象。旅游文创产品缺乏新意，必然会与其他旅游景点所销售的文创产品雷同，对旅游文化的传承和弘扬不精准，创新性旅游文创产品短缺，不能很好地去适应新时代游客的审美追求和购买需求，使游客失去购买欲。如贵州苗族妇女喜欢刺绣，绣娘们会把她们的生活场景和一些动植物纹样绣在衣服上或其他地方，如图 1-2-5 所示的包包民族特色明显，但是在旅游景区市场上苗族出售的包包基本一致，看不出什么特色，生搬硬套现象明显，给人一种眼花缭乱的感觉。

（4）旅游文创产品市场复制现象明显。现在市场上的旅游文创产品中，大多创意感缺失，还有一些模仿和抄袭的成分存在。厂家以盈利为目的，不注重产品质量和设计，使旅游文创产品设计进步较慢，市场混乱，以假乱真的现象时有发生。好的创意是好的设计的灵魂所在，也是当今设计的宠儿，但是目前我国旅游文创产品在创意方面还显得有些不足，辨别度不够，不能给消费者留下深刻的印象。另外，复制的现象相对明显。旅游文创产品缺乏自己的个性、特征表现不足、设计元素反复使用、设计理念表达不准确、盲目效仿别人，这些现象都给当今旅游文创产品设计带来了不好的影响（图 1-2-6）。

1.2.2　国外文创产品的现状

工业革命之后，英国、美国及日本经历了传统手工业文化与工业化批量生产之间的对抗、冲击、发展、调和，最终各自发展并形成了具有自己的文化特征的设计风格。因此，国外旅游文创产品相对发展较早、种类较多、创意丰富多样，旅游文创产品能够深入公众生产生活中，其蕴含的元素丰富，能够给消费者带来很好的消费体验。国外旅游文创产品善于将文化元素融入，以此来打造成系列产品，如同一元素相关联的不同种类的一系列旅游文创产品、运用不相同的文化元素设计的相同类型的一系列旅游文创产品。

目前，国外旅游文创产品已处在一个相对平稳繁荣的运营和开发阶段，无论是在组织管理、产品开发及资金、加工、宣传等方面都有自己完整且成熟的系统。吸收优秀人才并与志愿者合作，将文学元素融入旅游文创产品设计中，种类丰富且注重自身的宣传和与消费者之间的互动。英国旅游文创产品同样种类丰富、风格多样，可根据消费者需求提供定制服务和设计，还将本地独具特色并且出名的品牌开设设计专栏，注重打造自己本土的品牌文化，进一步增强自己国家的文化实力。澳大利亚旅游文创产品多关注历史文化生活，向公众传播文化的力量。

综上所述，国外善于吸引优秀人才的力量，不仅是设计师，还包括社会人士、志愿者，设计出能够吸引消费者的旅游文创产品；注重自己本国的历史和文化，能够充分地挖掘资源，向消费者传递温暖；注重开发旅游文创产品设计的新的方式及自己国家的服务和教育。

图 1-2-5　市场现有文创产品展示 4
（图片来源：李鸿祥自摄）

图 1-2-6　市场现有文创产品展示 5
（图片来源：李鸿祥自摄）

拓展阅读

文创产业的数字化转型

随着互联网技术的迅速发展，传统文创产品逐渐与数字技术相结合，形成了新的数字文创产品。例如，AR（增强现实）技术和 VR（虚拟现实）技术已经被广泛应用于文创产品中，能够为消费者提供更丰富的互动体验。数字化转型不仅提升了文创产品的可视化效果，还拓展了文创产品的市场边界。未来，数字文创产品将成为文化产业新的增长点，在旅游行业中，虚拟景区导览、数字博物馆等创新产品层出不穷，将进一步推动文化遗产的保护与传播。

文化自信与文创产品的文化内涵

文化自信是中国特色社会主义文化的重要组成部分，文创产品是文化自信的重要载体。近年来，国内文创产业的崛起使中国文创产品在全球市场中获得了更多的关注和认可。将本土文化元素与现代设计理念相结合，不仅能够提升消费者的文化认同感，还能增强民族自信心。因此，从文化自信的角度出发，文创产品在注重传承和创新的同时，更应深入挖掘和展现中国独特的文化内涵，如中国传统工艺、民间艺术等，从而为消费者带来深刻的文化体验。

本章小结

本章分析了旅游文创产品的特点、内涵，以及目前旅游文创产品设计市场的现状和地位；概述了旅游文创产品设计的思想内涵和语言；强调了挖掘旅游文创产品设计的文化属性和视觉语言，才能在借鉴、吸收的基础上创造新的设计形式。

思考与练习

1. 单项选择题：文创产品的核心特征是（　　）。
   A. 传统工艺与创新相结合　　B. 仅具有实用价值
   C. 只有美学价值　　D. 完全依赖现代科技
2. 单项选择题：文创产品的主要目的是（　　）。
   A. 仅为了满足艺术家的创作实践需求
   B. 保护和传承文化
   C. 只关注商业化
   D. 依赖互联网技术
3. 单项选择题：文创产品的市场价值主要源于（　　）。
   A. 产品的艺术价值　　B. 文化传播与市场的需求
   C. 生产成本　　D. 生产速度
4. 判断题：文创产品仅限于传统手工艺品，不包含数字化产品。（　　）
5. 判断题：文创产品的成功与其承载的深厚文化内涵及创意设计密切相关。（　　）

习题答案

综合实践

1. 经典作品分析

题目：分析故宫文创产品，如故宫的文房四宝、陶瓷制品等文创商品，请从文化传承与市场营销角度探讨其成功的原因。

要求及要点提示如下。

（1）分析故宫文创产品的文化元素提取方式，探讨其如何将故宫的建筑风格、历史人物及传统文化融入现代产品设计。

（2）探讨这些产品如何通过将现代设计与传统文化相结合，满足市场需求。

（3）分析故宫文创产品在营销策略上的成功之处，探讨其如何利用“文化 IP”的深度增强产品吸引力，并结合市场消费趋势加以阐述。

2. 创作实践

题目：请以“故宫文创产品”为灵感，设计一款结合现代功能性与传统文化的文创产品（如办公用品、家居用品等）。

要求及要点提示如下。

（1）产品设计需要结合传统文化元素和现代需求，考虑美学与实用性相结合。

（2）产品设计要注意文化内涵的挖掘与创新，不仅是外形模仿，还应结合现代生活方式。

（3）产品的目标受众应聚焦年轻人群体，同时，产品本身需要兼具文化价值与市场吸引力。

第2章　文创产品的分类

■ 本章导读

本章将文创产品按照功能和用途分为生活用品类、创意礼品类和土特产品类三种。每种类型的文创产品具有不同的设计要素和市场定位，生活用品类文创产品侧重实用性，创意礼品类文创产品则强调美学价值和趣味，而土特产品类文创产品注重地域特征和传统工艺的传承。

■ 学习目标

1. 掌握文创产品的基本分类方法，理解各类文创产品的设计特点与市场需求。

2. 分析各类文创产品的功能与文化内涵，理解它们在文化传播中的作用。

3. 探讨文创产品在现代消费文化中的地位及其发展潜力，并分析其如何满足消费者的多元化需求。

对文创产品进行分类不仅有助于学生系统把握文化产品的多样性，还能加深其对文化创新的理解。通过这种分类方式，学生能够认识到文化的多元性和包容性，进而学会尊重和包容文化差异，树立全球视野与民族自信心，从而更好地推动中国文化走向世界，增强中国文化的国际影响力。

■ 知识结构图

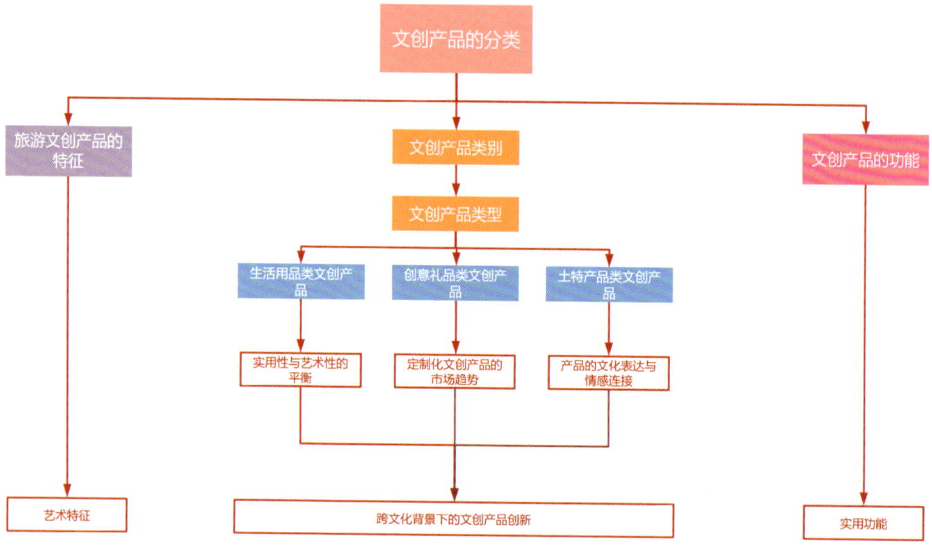

旅游文创产品是随着旅游业不断迅猛发展的产物，是实用性、审美性、地域性、文化性等特征的集合体，也是民族文化内涵更高层次的体现。凭借着多样的形式吸引着消费者的关注，如书籍、服饰、日用品、食品等都是十分具有代表性的旅游文创产品。从某种角度上来说，一件真正的旅游文创产品不仅能够满足消费者物质上的需求，还能够延伸至精神层面，以此来勾起消费者内心的情愫，从而实现与消费者的情感共鸣，最终满足其精神需求。这也是旅游文创产品的核心价值所在。根据旅游文创产品在日常生活中所处的环境不同，可以将其大致分为三个类别：一是生活用品类文创产品；二是创意礼品类文创产品；三是土特产品类文创产品。本章分别阐述了每类文创产品的特征及功能，并加以案例进行佐证；如在生活用品类文创产品一节中阐述了有用性原则和对“日常性”的把握，即以产品的功能性、实用性与便利性作为导向指导旅游文创产品的设计活动；选用了比较典型的旅游文创产品设计案例，从旅游文创产品的造型设定、材质选择、色彩考量等方面进行了全方位的讲解与梳理。通过本章的学习，同学们可以比较直观地了解到旅游文创产品的类别与在设计过程中应注意的问题，以及如何针对不同的需求打造出符合大众审美、满足受众实用功能需求的旅游文创产品（图 2-1-1）。

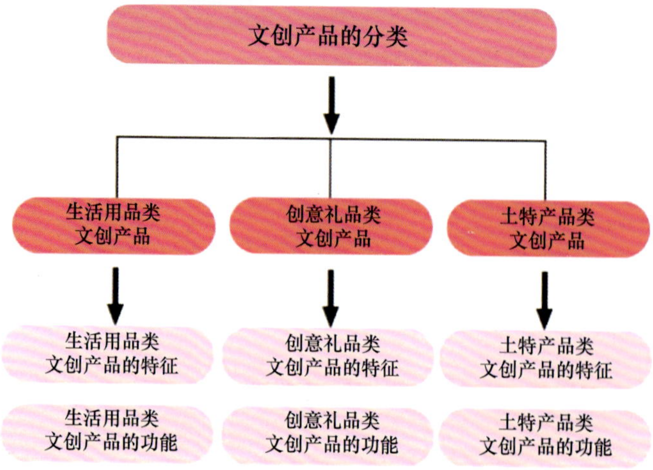

图 2-1-1　文创产品的分类框架
（图片来源：王丽茹自制）

2.1 生活用品类文创产品

生活用品类文创产品

生活用品类文创是 20 世纪晚期兴起的一股艺术设计潮流，其宗旨是“让艺术走向生活”。生活用品类文创产品作为满足现代审美需求的生活日用品并不是艺术作品，所以不必承担使“艺术走向生活”的责任和义务，并且因为其本身就是生活方式的一部分，所以也不存在“生活进入艺术”的问题；一般是具备传统文化内涵、满足现代审美需求的生活日用小商品，因此，设计的关键是注重其在日常生活中的有用性。由于生活用品类文创产品是“为生活而设计”，所以，其审美要求应该是回归生活的本质，褪去笼罩在生活上的虚饰，昭示生活本身所蕴含的美，即“如所存而显之”，达至产品的日常生活化。

2.1.1 生活用品类文创产品的特征

日常生活中的有用性，即以产品的功能性和实用性为导向。生活用品类旅游文创产品是针对用户所需的一部分日常所用的产品。因此，此类产品的使用价值在日常生活中则体现得尤为重要，好的产品不仅要具有良好的造型，其本质的核心价值就在于是否能够给用户带来生活上的帮助，因此，要以产品的功能性和实用性为导向，尊重市场经济发展规律，满足用户的使用需求，同时，又能体现出传统文化中的元素色彩、语义符号和情感要素，综合以上特征方能够符合市场要求，满足用户需求，如床头灯、夏季驱蚊器等实用功能性产品形式。

如图 2-1-2 所示的乐平古戏台营造技艺系列纸雕灯，其设计灵感源自乐平地区古戏台的传统建筑艺术。作品通过精细的纸雕工艺，再现了古戏台的建筑精髓。在设计过程中，创作者将传统古戏台的选材、雕刻、敷金施彩等工艺流程融入纸雕灯的制作环节，使灯具不仅具有装饰性，还承载了深厚的文化内涵。该系列纸雕灯采用多层次雕刻技法，每一层细腻的雕琢都还原了古戏台的建筑风格，再结合 LED 灯光效果，营造出一种古色古香、光影交错的氛围。灯光透过精致雕刻的纸层，映射出细腻的纹理与丰富的层次，再现了古建筑内部的光影效果，使空间充满文化韵味与历史厚重感。这一设计作品充分体现了文创产品的文化传承价值与现代实用性的结合。纸雕灯在保证灯具造型美观的基础上，注重使用体验，采用了 LED 柔光照明技术，既能保证在夜间提供充足的照明，又避免灯光对眼睛造成刺激，使其既具有功能性，又具有较高的艺术欣赏价值。该设计的成功之处在于将古戏台的文化元素与现代技术相结合，通过纸雕灯这一现代家居用品的形式，让消费者在日常生活中也能感受到传统文化的魅力，每当看到此灯时，不仅能感受到古戏台的历史氛围，还能享受温馨光线营造的宁静氛围，实现了文化性、艺术性与实用性的完美统一。

如图 2-1-3 所示的鄱阳湖系列水彩挂历设计，创作者的设计灵感源自鄱阳湖的花鸟鱼虫及周边景色，将鄱阳湖特色的风景及生物以插画的形式展现出来，用作挂历的装饰面，别有一番风趣。挂历是人们日常生活中极为常见的用品，有用性是其核心价值所在，因此，部分设计师往往把其定义为纯功能性的用品，而忽略了其审美价值，导致挂历设计全部以朴素无华的面貌展现在消费者面前。鄱阳湖系列水彩挂历设计巧妙地将鄱阳湖特有的艺术元素通过插画的手法与挂历有机结合，在保留挂历传递信息功能的同时，也颠覆了挂历传统的版式排布，别具特色，吸引消费者购买，每

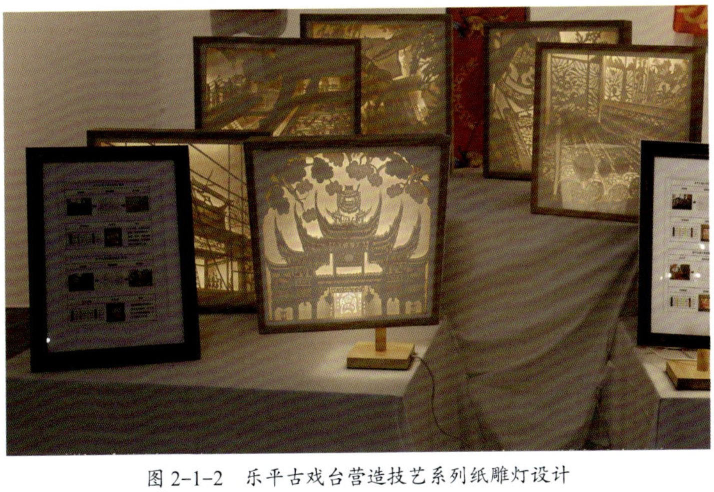

图 2-1-2　乐平古戏台营造技艺系列纸雕灯设计
（图片来源：李欢欢自制）

图 2-1-3　鄱阳湖系列水彩挂历设计
（图片来源：路雨华自制）

当看到鄱阳湖系列水彩挂历时仿佛置身于鄱阳湖原生态的优美景色之中，引发消费者对鄱阳湖的情感共鸣。

传统文化是各个民族历史遗留的瑰宝，不仅是人们的精神食粮，也是一个民族屹立于世界民族之林的底气，因此，现代的产品设计要实现传统与现代结合、文化与科技碰撞；利用现代技术的支持，使生活用品类文创产品不断革新，增强生活用品类文创产品的使用功能，提升产品自身的价值，突出产品设计的个性，从而弘扬民族文化的魅力。

如图 2-1-4 所示，创作者是将傩文化中的傩面具文化元素作为设计灵感创作的作品。傩文化是我国传统文化中重要的组成部分，是人与自然相处过程中所产生的文化现象，通过独特的舞蹈与服饰，实现了人与自然的对话，获得了自身意志的释放与升华，有祈福纳吉、祛邪逐疫的寓意，是人们向往美好生活的一种真诚祈愿形式。创作者将傩文化元素中的傩面具元素的神态移植到现代电蚊香中，实现了二者的巧妙同构，与现代技术相结合解决用户需求，使古老神秘的傩文化重新焕发出光彩；同时，傩面具电蚊香的功能也与傩文化的美好寓意达成高度统一，强化了二者的核心内涵在产品中的契合度的同时又极具时代感。

如图 2-1-5 所示的乐平古戏台纹样折叠灯系列文创产品的设计灵感源自乐平古戏台的传统纹样，结合现代折叠技术，打造出兼具传统文化韵味与现代家居美学的装饰灯具。灯具整体造型融入了乐平古戏台特有的建筑元素与文化符号，红色花鸟纹样与折叠结构巧妙结合，赋予其独特的艺术表现力和文化魅力。在设计过程中，创作者充分利用折叠灯的结构特性，将传统的戏台纹样转化为灯具表面装饰，使灯体在不同角度下呈现不同的光影效果，增强了产品的立体感和动态感。灯具的纹样以中国传统花鸟图案为主，带有吉祥和美好的寓意，既传承了传统文化，又保留了灯具充满现代感的视觉感受。灯具采用高品质纸材与精细印刷工艺，折叠结构使灯光透过纸面时形成柔和光晕，兼具艺术性与实用性，适合搭配不同家居环境使用。灯具顶部搭配简约的红色木质盖板，与灯身纹样相呼应，进一步提升整体质感。这款折叠灯巧妙地将传统工艺与现代技术相结合，不仅是一件艺术品，也是一款功能性强的家居灯具。通过光影变化和折叠结构的独特效果，它成为一款既具有视觉吸引力又能营造温馨氛围的照明装置，满足现代家居对于文化价值与实用价值兼具的需求。

如图 2-1-6 所示的畲族梳子、尺子组合，设计者将畲族中的人物形象以卡通的形式进行展现，将其造型经过简洁化处理与梳子的造型结构完美融合，通过降低其固有色纯度及亮度的手法，使原有的人物形象在视觉感受上更加舒适，为原本造型普通的梳子增添了趣味；同时，将畲族服饰中的纹样应用到尺子中，以鲜明的色块及二方连续图形重复结合到尺子中，给人以特殊的视觉体验，使儿童在使用过程中，还可以了解到畲族文化的魅力，使用之余还会主动去寻找关于畲族文化的靓丽之处。设计者以产品的实用价值作为设计的出发点并且融入中国传统文化，使二者相辅相成，使原本平淡无奇的日常生活用品具有了民族特色，对发扬中国传统文化有着积极的作用。

图 2-1-4　傩面具电蚊香设计
（图片来源：王丽茹自制）

图 2-1-5　乐平古戏台纹样折叠灯设计
（图片来源：李莹莹自制）

图 2-1-6　畲族梳子、尺子组合设计
（图片来源：张田自制）

如图 2-1-7 所示的山哈酒包装设计，创作者将中华畲族宫的建筑造型与畲族村落的屋檐线条相结合，摒弃了目前市面上大量的繁复性装饰，使本包装更加具有时代性的简约美感，同时，也体现了重拾中国传统文化的设计思路。在对屋檐造型的提取过程中作者将实用性的设计原则进行重点考虑，优美的屋檐线条不仅对打开包装后的酒起到了装饰性的作用，同时可以作为提手，给消费者增添了便利性与实用性的使用体验。

如图 2-1-8 所示的畲族竹编灯具设计，创作者通过解构的设计手法对竹编工艺进行层次性分解，提取出竹条的造型，将其与现代灯具相结合，使原本普通的灯具更具有艺术感与审美性。消费者在购买此灯具时可感受到浓厚的传统畲族手工艺气息，外部连续重复的竹编线条包裹下的灯具显得格外别致。经过包裹后的灯具所散发的光更加柔和，在夜间使用对眼睛起到很好的保护作用，体现了产品对消费受众的人文关怀，实现了产品的实用性与艺术性的完美融合，既给予了消费者良好的使用体验，又在一定程度上对中国畲族的传统竹编工艺起到了很好的宣传作用，拓宽了中国传统文化的宣传渠道。

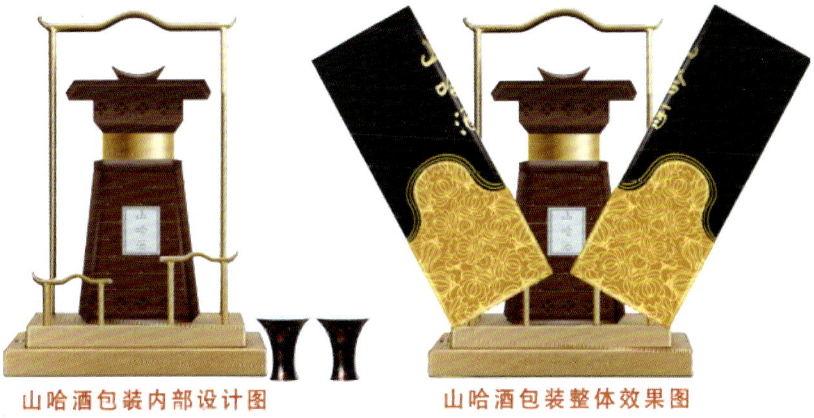

图 2-1-7　山哈酒包装设计
（图片来源：张田自制）

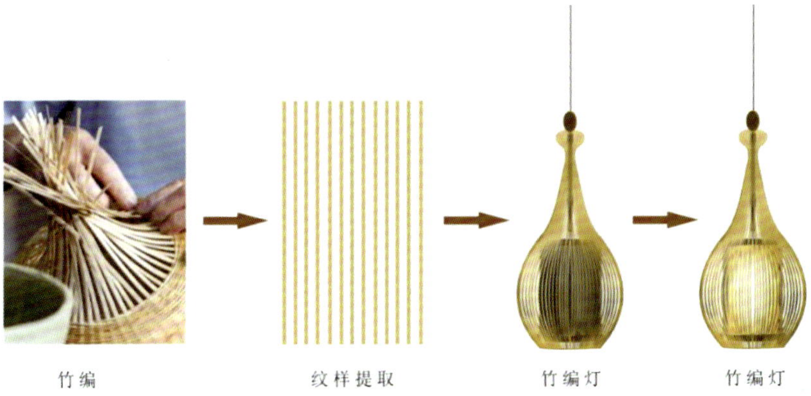

图 2-1-8　畲族竹编灯具设计
（图片来源：张田自制）

2.1.2　生活用品类文创产品的功能

（1）对产品设计“日常性”的把握，即带给生活便利性。生活用品类旅游文创产品以生活为主题的设计在生活语境中有其重要的意义，旨在为生活提供便利性；具有时尚外观和良好功能的文创产品提高了消费大众的生活品位与质量，多方面满足了受众群体多样化的需求，提升了其购买的积极性。

如图 2-1-9 所示的傩文化插座设计展现了对生活的便利性的同时还表现出了产品的美。插座是生活中常见的产品，内涵方面将傩面具吉祥驱疫的寓意融入插座设计中，外观设计中将传统傩面具中的赣傩艺术元素提取、凝练、重组、再造，形成符合时代发展的艺术元素，利用工艺手段如印刷工艺、装饰工艺等将其与产品完美融合，得出具有赣傩艺术特色的插座设计。赣傩面具的插座设计巧妙利用面具中的特定形象和插座进行结合，在设计中涵盖傩文化气息的同时不缺少现代设计感，展现美的同时不缺乏生活便利性。

如图 2-1-10 所示的乐平古戏台纹样手提包系列文创产品的设计灵感源自乐平古戏台的传统纹样，其将古老的戏台文化与现代日常生活用品相结合。这款手提包采用鲜艳的色彩搭配与传统文化符号，创造出既具有传统文化气息，又符合现代审美的时尚单品。包身纹样以乐平古戏台的经典元素为基础，巧妙融入了现代流行的插画风格，整体色调明快，充满活力。手提包正面配以“福”“寿”等传统吉祥字样与精致动物图案，既蕴含了中国传统的祝福文化，又体现了

图 2-1-9　傩面具插座设计
（图片来源：涂勇自制）

图 2-1-10　乐平古戏台、纹样手提包设计
（图片来源：刘洋、李蕾自制）

独特的艺术创意。黄色和粉色的搭配，营造出温暖和喜庆的氛围，令人联想到传统节日的喜悦和热闹。黑色底部与彩色图案形成了鲜明对比，不仅增强了视觉冲击力，还提升了整体的协调性与现代感。手提包的提手部分采用了黑色的立体设计，造型独特，与包身的传统纹样相得益彰，增加了产品的艺术气息和实用性。这款手提包不仅具有独特的艺术价值，还具备极强的实用性。它融合了传统文化与现代设计，为消费者提供了一种全新的文化体验方式。无论是日常使用还是作为礼品，它都能成为引人注目的亮点，既彰显使用者对传统文化的热爱，又体现其独特的时尚品位。这一设计的成功之处在于，它将传统的乐平古戏台纹样以创新的形式呈现出来，使其不仅是一件具有收藏价值的艺术品，还是一件具有文化传承和实用功能的日常物品。

（2）对用户使用需求的满足，即展现产品的使用价值。生活用品类旅游文创产品是围绕生活进行文化创意的产品，是对市场需求的满足。文创产品以文化为基础，以生活为亮点，生活用品类旅游文创产品设计满足了市场消费的需求，同时也是未来设计的发展趋势。

如图 2-1-11 所示，红酒开瓶器是外来引进的产品，主旨是满足使用者打开酒瓶的需求。当它与传统赣傩元素结合时又是不同文化间的碰撞。傩舞红酒开瓶器设计以生活为亮点、以文化为背景去满足市场消费的需求。红酒开瓶器整体造型采用傩舞服饰中的元素进行设计，手柄黑色部位采用防滑橡胶，开瓶器腰部中间采用镂空设计，可以清楚观察到其内部机械工作状况，增加视觉体验。开瓶器设计是傩舞翩翩起舞的形象与美好的寓意的结合，化繁为简，直接明了地传达赣傩傩舞元素的个性特点，同时重点突出开瓶器的用途，重在满足使用者的需求。

如图 2-1-12 所示，乐平赣剧瓷杯瓷勺系列文创产品的设计灵感源自乐平赣剧这一传统地方戏曲，其巧妙结合了赣剧的文化元素和现代瓷器工艺。设计师在瓷杯和瓷勺表面添加了赣剧的经典元素，如戏台、戏服、舞台人物等，并运用现代插画的表现手法，再现了赣剧舞台的独特魅力。每款瓷杯的图案都呈现出丰富的故事性与艺术感，生动展示了赣剧的经典剧目和角色。杯体外侧以鲜艳色彩绘制出精美的戏曲人物形象，生动展现了乐平赣剧的文化特色。瓷杯与瓷勺的巧妙搭配，不仅实现了传统文化与现代生活的完美融合，更兼具实用功能与艺术收藏价值。在设计细节上，每一件瓷杯和瓷勺都经过精心打磨，既保证了舒适的手感，又呈现出优雅的视觉效果。特别是杯口与勺柄的人性化设计，让日常使用更加便捷舒适，同时为使用者带来丰富的文化体验和视觉享受。这件作品既是实用的日常用品，更是承载地方文化和艺术的收藏品。设计师通过现代设计语言，将赣剧的经典元素与瓷器艺术相结合，打破了传统文化的局限，使其更加贴近现代生活的需求，成为日常生活中一件富有艺术气息的物品。

如图 2-1-13 所示的畲族系列团扇设计，创作者将畲族的凤凰图腾作为设计灵感来源，将优雅美观的传统凤凰图腾转化为团扇的外部形态，使其富有灵动的

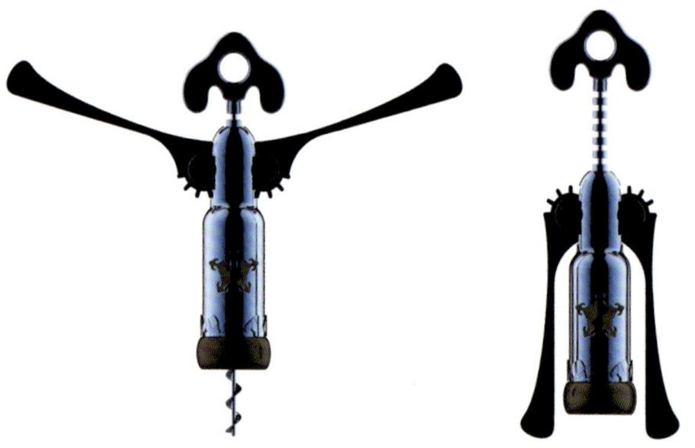

图 2-1-11　傩舞红酒开瓶器设计
（图片来源：王丽茹自制）

图 2-1-12　乐平赣剧瓷杯瓷勺文创产品设计
（图片来源：李鸿祥自制）

图 2-1-13　畲族系列团扇设计
（图片来源：张田自制）

凤凰造型，具有极强的视觉美感；下配有挂链，可将其系于腰间作为装饰，别有一番风味。同时，设计者还将凤凰的造型移植到了丝巾设计中，炎炎夏日，蒲扇用来扇风纳凉，丝巾可用来擦去汗水，二者相互配合，相辅相成；经过设计后的团扇及丝巾解决了受众原本将扇子和丝巾随身携带的累赘感，不仅具有了便利性，而且更加具有统一性与美观性，实用的同时也可作为装饰品随身携带。

如图 2-1-14 所示的畲家白茶包装设计，创作者将畲族传统建筑中的草寮作为设计的灵感来源，以手绘线稿的形式展现到畲家白茶的外包装中。手绘线稿的艺术形式本身就具有年代感，侧面烘托了畲家白茶的原生态与绿色健康的理念，给予受众朴实无华的设计感，增加了消费者的购买欲望与积极性。在材质上则选用了牛皮纸和麻布作为包装的主要材料，更是提升了畲家白茶的原生态理念。同时，创作者在包装设计中还增加了附加产品的设计，购买白茶的同时还会附赠茶匙和茶杯，消费者则不需要再去单独购买相应的配套产品，增加了产品的体系感与系列性的同时，实现了与消费者之间的良性互动，也实实在在地便利了消费者，体现了设计者在设计过程中对于文创产品的“日常性”即带给生活便利性的着重考虑。

图 2-1-14　畲家白茶包装设计（图片来源：张田自制）

如图 2-1-15 所示的畲家乌米饭包装设计，创作者将畲族当地的山水文化元素与畲族人民制作乌米饭的过程外化到包装设计中，以手绘线稿的形式进行展现，使消费者在购买产品后通过外包装可以了解到畲族乌米饭的制作流程。主产品的底座采用竹编材质，其他包装则采用麻布材质，体现了畲家乌米饭的绿色无添加的产品理念。同时，每个产品都有独立的小包装，消费者在将乌米饭带回家后只需要微波加热即可食用，极大地节省了消费者对食品加工的时间成本，也体现了设计者对于消费者在日常生活中对便利性的实用需求的考虑，符合当代消费者时间紧迫的特征。

图 2-1-15　畲家乌米饭包装设计
（图片来源：张田自制）

2.2 创意礼品类文创产品

创意礼品类文创产品

创意礼品类文创产品是由创意市集这个概念引出的，创意市集专门售卖富有创意、时尚、原创、非量产的产品。

2.2.1　创意礼品类文创产品的特征

（1）文化体验与创意融合，即将传统文化与独特创意完美匹配。创意礼品类旅游文创产品创新设计方法研究的宗旨就是在保持文化持久性的同时，关注文化发展所必需的递进、延伸、对接和多元，从而有效地消除这些矛盾。将保护传承和创新发展相结合，一方面，在保护旅游产品多样性和独特性的基础上，通过创新方法进一步推动传统工艺美术产品融入现代生活；另一方面，又在保护传统工艺美术的基础上，促进新技术、新工艺、新产品的开发，通过增加艺术含量和科技含量来提高产品的附加值，为设计出弘扬历史文化，突出地域特色的旅游文化产品进行积极探索。

如图 2-2-1 所示，傩舞创意化妆品设计在保持傩文化特色的同时通过创新方法进一步推动傩文化创意产品融入现代生活。在造型、色彩、纹样的巧妙搭配上打破了以往理性、冷漠的设计风格，创造出了更富有层次、张力且独具个性的新形式，给人们带来了特殊的色彩美、视觉美、纹样美，体现了轻松、幽默、个性、愉悦的氛围。多种配色让产品更加满足都市年轻人的审美需求，同时，选用低碳环保的硬瓦楞纸，质感优良，容易分解，色彩明亮艳丽，可多次循环利用且价格相对低廉。傩舞元素富有吉祥寓意，装饰性强的傩舞的外形与吉祥寓意紧密结合，有利于传统民族文化融入现代生活中，传播出赣傩艺术元素独特的价值体系、文化内涵和精神品质。采用现代设计审美中流行的设计手法，在表现产品个性化特点时也从多元化的层面去融合地域传统文化，促使赣傩艺术元素适合现代的生活方式。

如图 2-2-2 所示的五狮戏绣球文创福袋香包的设计灵感源自中国传统文化中的“狮子”与“绣球”元素，其巧妙融合了吉祥寓意和现代审美。香包以红色作为主色调，象征好运与吉祥，而黄色的狮子图案代表力量与驱邪，寄托了迎春纳福、辟除不祥的美好愿景。香包采用简洁线条与传统符号相结合，狮子的造型独具匠心，既具有现代感，又保留了传统韵味。每个香包均镶嵌了精致的绣球图案，寓意为“团圆”和“和谐”，象征着五福临门、幸福安康。香包顶部配有灰色绸带，既便于悬挂，又增添了一份优雅与灵动。香包内含天然香料，能够释放出温和的香气，既能净化空气，又能传递福瑞祥和的祝福。香包的整体设计体现了现代文创产品对传统文化的创新演绎，不仅具有实用性，还具有很高的观赏价值和文化价值。这种香包既适合作为节庆赠品，也可作为家居装饰物，承载着人们对彼此的真挚祝福与对新一年的美好期盼，是现代生活中独具文化韵味的文创产品。

（2）随从主流的设计理念，即产品的设计与时俱进，符合当代人都市生活之所需。对于当前创意礼品类旅游文创产品的设计来说，优秀的产品都是具有共性的，其在设计之初就符合当时的文化背景，同时与社会发展阶段也相契合，能够随从主流的设计理念，但是又不仅局限于传统的文化理念，而是实现了旅游文创产品的创新。很多案例都已经表明，在创意礼品类旅游文创产品的设计中需要实现创意与精致的结合。

如图 2-2-3 所示，本款魔方的设计灵感源自中国传统文化中的“八仙”传说，创作者通过将这一经典元素与现代魔方相结合，赋予其全新的文化表达。魔方每一面均呈现不同的八仙形象，色彩鲜艳、造型生动，兼具艺术性与趣味性。每位仙人均以现代卡通风格呈现，既保留传统神韵，又融入流行元素，增强了趣味性与吸引力。魔方采用蓝、绿、黄、橙四种颜色，分别对应不同的仙人角色，每个色块均精心绘制八仙形象，如铁拐李、张果老、吕洞宾等。鲜艳的配色不仅强化了视觉冲击力，更让人直观感受到浓厚的传统文化氛围。这款魔方不仅具备娱乐功能，更能通过动手操作锻炼使用者的思维能力，有效提升其逻辑推理和空间想象能力，因此深受不同年龄层用户的喜爱。作为一款文创产品，它不仅是传统文化的载体，也是一件富有创意和趣味性的艺术品。这款魔方将传统文化与现代设计理念相结合，既是文化的传承，也是创意的体现。它不仅适合作为礼品和收藏品，还能够成为日常生活中的趣味益智玩具，让使用者在娱乐中传播和弘扬中国传统文化。

图 2-2-4 所示为乐平赣剧戏曲文创桌旗。这款桌旗的设计灵感源自传统的赣剧戏曲文化，结合现代家居装饰的需求，旨在传承和发扬地方戏曲文化的精髓。这款桌旗以赣剧经典场景和人物为核心设计主题，采用鲜明的色彩搭配与独特的图案设计，突出戏曲中的戏服、舞台布景及人物形象。桌旗以红色和金色为主色调，既象征戏曲的热烈与庄重，又通过舞台背景、戏服纹样等经典赣剧元素细致展示了戏曲的华丽与韵味。画面中的戏曲人物经过卡通化提炼，既保留传统神韵，又融入现代设计语言，在增强视觉吸引力的同时，也让传统文化更贴近现代生活。桌旗两侧饰以精致的金色花纹边框，既彰显了传统艺术的精美，又增添了产品的质感和层次感。桌旗的整体设计简约而富有华彩，既符合

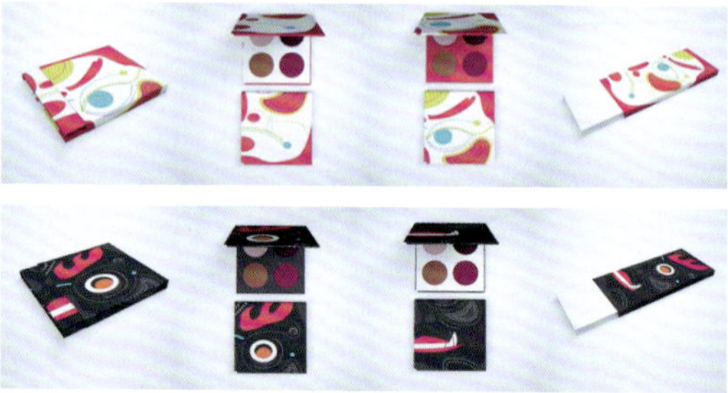

图 2-2-1　傩舞创意化妆品设计
（图片来源：程泯越自制）

图 2-2-2　五狮戏绣球文创福袋香包设计
（图片来源：李鸿祥自制）

图 2-2-3　乐平八仙文创魔方设计
（图片来源：李鸿祥、杨梦冉自制）

图 2-2-4　乐平赣剧戏曲文创桌旗设计
（图片来源：李鸿祥自制）

现代家居的审美，又能为家居空间增添浓厚的文化氛围。这款桌旗不仅是家居装饰的精品，还是一件文化传承的艺术品。它适合用于家庭聚会、节庆宴会等场合，营造出浓厚文化氛围的同时让人们在日常生活中感受到赣剧艺术的魅力。通过这款桌旗，传统赣剧文化得以融入现代生活，成为一种新的文化体验。

如图 2-2-5 所示的畲族竹编工艺耳饰设计，创作者对竹编工艺中的架构进行详细分解与重组，对其中的局部进行截取，使原本空间层次繁杂的穿插关系转化为扁平化的平面视觉效果，设计成耳饰，别有一番特色，整体简约大方，高度还原了畲族竹编工艺的流程及结构，实现了传统畲族竹编工艺与现代设计的完美融合；不仅做到了赋予文创产品文化的内核，同时又潜移默化地宣扬了中国传统文化，即文化体验与创意相融合，将传统文化与独特的创意完美匹配。

如图 2-2-6、图 2-2-7 所示的畲族民俗元素系列文具设计，创作者将畲族传统民俗文化中的人物形象、婚庆礼仪民俗元素从二维转化为三维立体，并移植到文具系列用品中。当人们打开笔记本时，映入眼帘的便是栩栩如生的畲族婚庆礼仪画面，新娘身披新装，新郎跪于新娘身旁，别样的民俗风情一览无余地展现在受众面前，使用户对产品产生丰富的情感联觉，从而获得文化感染与认同。同时为了方便用户收纳，创作者还设计了文具套盒，并配有笔、胶带，以及在写日记时用来记录天气的印章，巧妙地在促进产品与消费者之间沟通互动的同时增加了产品的趣味性，实现了文化体验与创意的完美融合。

如图 2-2-8 所示的畲族服饰系列茶包设计，创作者对畲族服饰文化元素进行提取，通过现代设计手法，对原有色彩及服饰形态进行优化，通过降低其固有色的纯度、明暗、对比等，实现视觉上的舒适感与和谐感，从而富有现代美学特征。用户在打开此茶包包装时，仿佛是打开了畲族人民的衣柜，琳琅满目的“服饰”呈现在眼前，极具趣味性，用户在选择茶包的同时仿佛是在挑选衣服。本设计在迎合受众心情的同时，给予消费者选择的余地，强化消费者与产品之间的情感互动，从本质上实现了文化体验与创意的完美融合，拓宽了传统文化的传播渠道。

图 2-2-5　畲族竹编工艺耳饰设计
（图片来源：张田自制）

图 2-2-6　畲族民俗文化元素系列文具设计——笔记本设计
（图片来源：张田自制）

2.2.2 创意礼品类文创产品的功能

（1）满足用户情感体验的需求，即产品能够在与人的交互中给予使用者传统文化与生活的体验。随着创意礼品类产品竞争激烈程度的加剧，人们对产品的需求也越来越多，划入产品功能范围的因素也随之增加。创意礼品类旅游文创产品的设计过程中不仅要注重对地域文化特色的引入，更需要注重文化特色引入的过程能够给予使用者情感的互动与融合，具有创新性的设计理念。

如图 2-2-9 所示，本款文创纪念品以精致的纸雕艺术为载体，将传统纹样与现代设计巧妙融合，呈现出独特的视觉效果。其设计灵感源自乐平地方文化中的传统图案与象征元素，通过立体感强烈的纸雕手法，将这些元素进行艺术化再现，打造出既具传统文化内涵，又符合现代审美的纪念品。纪念品主体由多个立体纸雕盒组成，每个盒子均雕刻细腻纹样，融入花卉、藤蔓、蝶翅等自然元素，精妙的雕刻工艺使每个盒子宛如艺术品，充满诗意与韵味。白色盒体与轻盈的悬挂设计相结合，呈现出轻灵梦幻的视觉效果。空灵的布局与飞舞的蝴蝶图案相映衬，传递出自由与优雅的气息，给人以视觉上的享受与精神上的宁静。底部的白色球体采用简洁的圆形设计，营造出干净、纯粹的感觉，与上方复杂的纸雕形成鲜明对比，增强整体层次感与空间深度。透明细线的巧妙运用使盒子与蝴蝶看起来如同飘浮在空中，既强化了现代感，又增添了艺术张力。该款文创产品不仅是一件展现乐平文化的艺术精品，更是现代生活中的美学表达。它适合作为家居装饰品、文化礼品或纪念品，通过传统与创新的完美结合，成为传递地方文化魅力的载体。通过这种富有创意的设计，传统艺术在现代社会中得到了新生，并以全新的方式呈现给观众。

如图 2-2-10 所示，本款文创印章的设计灵感源自乐平地方传统戏台文化的独特纹样，融合了古典艺术与现代审美，旨在通过印章这一传统文化载体传递乐平丰富的文化底蕴。印章的设计汲取了乐平古戏台的装饰元素，采用细腻的雕刻工艺，精心呈现带有戏曲韵味的经典纹理，且传统美学与现代设计清新感的完美结合。印章分为两个系列。上方为彩色版，采用红、绿、黄、蓝、紫等鲜明的色彩印刷，每个印章的纹样各不相同，呈现了五种不同的古典花卉和几何形态。纹样细节经过精心设计，彰

图 2-2-7　畲族民俗文化元素系列文具设计——文具礼盒设计
（图片来源：张田自制）

图 2-2-8　畲族服饰系列茶包设计
（图片来源：张田自制）

图 2-2-9　乐平纹样纸雕文创纪念品设计
（图片来源：车心悦、谌珺义自制）

图 2-2-10　乐平古戏台纹样文创印章设计
（图片来源：车心悦、谌珺义自制）

显了中国传统纹理的繁复之美，色彩的搭配则突出了其艺术感和现代气息。下方为黑色版，其印章的雕刻工艺更加细腻，突出了传统的黑白对比效果。每枚印章都采用精细的深浮雕技术，呈现出纹样的立体感与层次感，给人以强烈的视觉冲击力。黑色底面与雕刻细节相互映衬，形成独特的艺术效果。整体设计既尊重传统，又融入现代创新元素，形成了和谐的视觉对比和细腻的雕刻效果。这款印章不仅是一件具有实用功能的文创产品，还是一件艺术性极强的收藏品。它适合作为文化礼品、纪念品或日常办公用品，能够让使用者在每一次盖章时感受到乐平古老文化的魅力，并通过种种细节展现出中国传统艺术的独特韵味。

（2）满足用户对时尚流行元素的需求，即通过再设计改变传统旅游产品几十年如一日的固有形态，注入新的要素来满足消费者的现代审美需求。结合时代的需求、文化的多元化进行创新设计，多方面元素融合在产品的设计中展现地域文化的魅力，使产品具有与时俱进、追随时代的审美趣味。

如图 2-2-11 所示的傩面系列渔夫帽，创作者的灵感来源于傩文化中傩面具元素，傩文化是我国传统文化中的重要分支，它象征着古老先民对美好生活的祈愿。创作者将傩面具中的典型形象作为装饰，将其可爱化的再设计，使装饰元素更加清新简约而不失鉴赏性，使产品意境深邃，极富装饰趣味和时尚性，于写实中充满浪漫情调。创作者将作品中所蕴含的意蕴加以延伸，将象征着风调雨顺、五谷丰登的傩文化更加协调地与渔夫帽融合，彰显了傩文化特有的美好祝福，同时整体画面简约而不繁复，符合当下年轻人群对简约美的要求。

如图 2-2-12 所示的傩面系列帆布包，创作者以傩文化元素中的傩面具作为设计灵感，创意区别于以往的傩面具狰狞可怕的形象，画面中的傩面憨态可掬、优雅唯美，给人以亲近感，寓意祥瑞祝福；画面虚实结合层次感极其丰富，区别于以往的贴图文创，别具一番东方韵味，富有共同之美，营造出浪漫神秘之感，结合当下广受年轻人喜爱的帆布包，美观实用，实现古典韵味与现代生活美学的巧妙结合，以此来满足消费者的现代审美需求。

如图 2-2-13、图 2-2-14 所示，这两款产品结合了景德镇陶瓷的文化特色，巧妙地将传统瓷器文化与现代设计元素相融合。通过卡通 IP 形象的运用，赋予这些产品更加年轻化、趣味化的视觉呈现，使其更能吸引年轻消费者，也突出了景德镇作为中国瓷都的深厚文化底蕴。文化衫的设计灵感源自景德镇传统瓷器的精致工艺和历史底蕴，通过卡通人物与瓷器元素的结合，展现了瓷器的柔美与细腻，表现出瓷器蕴含的“温润如玉”的文化寓意。色调上采用淡雅的蓝白色调，与景德镇瓷器的经典颜色相呼应，使文化衫更具艺术性和文化感。同时，通过图案的巧妙设计，融入了景德镇的代表性建筑和瓷器细节，增强了文化认同感。手提包的设计延续了文化衫的风格，围绕景德镇瓷器文化展开。设计师将传统瓷器造型与卡通形象巧妙融合，加入瓶子和瓷器细节，实现了现代与传统的完美碰撞。这款手提包兼顾功能性与美观性，大小适中，适合日常出行使用，既能展现景德镇瓷器文化的独特魅力，又符合现代消费者对时尚与实用性的双重需求。包面的细腻图案不仅体现了瓷器的温润质感，还为使用者带来沉浸式的文化体验。这两款产品的设计不仅展示了景德镇传统瓷器的文化魅力，还通过现代设计语言将传统文化与创意礼品相结合，满足了现代消费者对个性化与文化品位的需求。无论是作为日常穿搭的文化衫，还是外出使用的手提包，均能让消费者在享受高质量产品的同时，感受到浓厚的文化氛围，从而增强对传统瓷器文化的认同与喜爱。

图 2-2-11　傩面系列渔夫帽设计
（图片来源：黄诗琪自制）

图 2-2-12　傩面系列帆布包设计
（图片来源：路雨华自制）

图 2-2-13　瓷温玉润——传统瓷器文化衍生产品文化衫设计
（图片来源：潘艺方自制）

图 2-2-14　瓷温玉润——传统瓷器文化衍生产品手提包设计
（图片来源：潘艺方自制）

如图 2-2-15 所示的畲族服饰系列口红设计，创作者将畲族服饰中的纹样进行提炼与解读，通过提取最具特征的文化符号进行表现，从而赋予产品独特的文化语义；不仅美化了产品的视觉效果，还使产品更加具有文化价值；同时设计师在口红膏体上雕刻有凤凰图腾纹样，增加其附加价值，使此款产品不仅在平面视觉上具有强烈的艺术感，同时也是一件精美的雕刻艺术品，具有现代审美特征的同时也具有浓厚的畲族传统文化韵味，满足了消费者对于情感体验的需求，拓宽了中国传统文化的宣传渠道及展现形式。

暖姜黄色	C:15 M:31 Y:84 K:0	凤翎羽橙	C:0 M:67 Y:78 K:0	玫瑰红色	C:11 M:83 Y:9 K:0
深海鲸蓝	C:93 M:74 Y:4 K:0	暖姜黄色	C:15 M:31 Y:84 K:0	碧穹宝蓝	C:83 M:50 Y:25 K:0
宝石樱红	C:30 M:100 Y:96 K:1	玄铁深灰	C:80 M:60 Y:45 K:2	倩影靛青	C:100 M:100 Y:62 K:33

图 2-2-15　畲族服饰系列口红设计
（图片来源：张田自制）

2.3 土特产品类文创产品

土特产品类文创产品

土特产品类文创产品是指某地特有的或特别著名的产品，有一定的历史和文化内涵。土特产品类文创产品不仅包含着农林特产，还包括矿物产品、纺织品、工艺品等，是特定地域源远流长、极具特色的生态、民俗、传统、习惯等文明表现，其表现的是一种特定的文化内涵，因此，在旅游业的发展中占有极其重要的地位。在旅游纪念品中，地域文化元素的融入与设计显得尤为重要，同时，在土特产品的包装、造型、食品原料上也应当注意对当地民风民俗、宗教信仰等方面的考虑，做到尊重文化多元，方能够被广大消费者所接纳，打造良好的市场竞争力；土特产品类文创产品充分展现了生活风俗和文化特征，挖掘产品及其包装的文化属性和视觉语言，在吸收和借鉴的基础上创造出新的设计形式，有效地表达了地域文化的情感；除此之外，在现代信息技术如此发达的情况下，好的文创产品也能够成为地域文化广泛传播和传承的有效媒介。

2.3.1　土特产品类文创产品的特征

（1）具有浓厚的地域文化特征，融入了风土人情元素。土特产品类文创产品是游客在旅游过程中购买的具有地域特征的物品，因此，土特产品类文创产品也属于特色旅游商品。旅游对于游客来说，主要是在旅游过程中体会不同地区的人物风貌、风俗状态，并因此获得与日常生活不同的体验，这种体验越丰富，对游客的吸引程度就越大。正因如此，土特产品类文创产品的设计应与当地特有的风土人情、自然风貌、生活习俗等相互结合，设计出在日常生活中不能感受到的独特文化内涵；采用独具特色的材料、工艺、设计等将当地特有的地域特色以土特产品类文创产品充分体现出来，吸引更多消费者的目光。

如图 2-3-1 所示，傩庙和合酒土特产包装设计整理和提取赣傩艺术元素，使土特产包装设计有自己独特的识别效果，同时，加入赣傩艺术的独特元素，做到艺术性与识别性的结合。傩庙和合酒土特产包装设计展现了当地的风土人情、自然风貌和生活习俗，使购买者获得了与平时生活不同的体验。包装采用独具特色的材料、工艺、设计等提炼简化出傩庙的外部形象并加入傩面具的和合形象，利用傩庙的庙饰纹样作为包装的外形元素，充分体现出当地特有的傩庙特色，做到艺术设计和识别情感的完美融合，既实现了游客对产品的内心需求，又对当地文化起到了保护与传承的作用。

如图 2-3-2 所示的哈尔滨地域文化元素红肠包装设计，创作者选用哈尔滨地域文化元素中的建筑文化元素作为设计动机，将哈尔滨著名建筑圣・索菲亚教堂进行造型上的提炼与色彩上的汲取，对建筑形态及色彩进行优化，使其更具有现代感与时尚感；以插画的形式对其进行全新的构造并应用到红肠包装设计中，从而彰显独特的哈尔滨建筑特色。哈尔滨作为一座冬季旅游城市，地域文化的宣传和输出是城市经济发展的重要一环，因此，将哈尔滨当地的风土民情与地域文化特征融入土特产品包装设计中，具有积极的现实意义，对当地的经济发展与文化传播起到强有力的推动作用。

（2）具有地域文化的纪念价值，赋予产品文化内涵。土特产品类文创产品并不具有实体意义，它所代表的是当地的文化象征和特殊体验，也是对一段回忆的纪念，还是对地域文化的浓缩留念。土特产品类文创产品的纪念价值是指游客在旅游的过程中对旅游景点的感受和心灵体验，对自己所经历的活动和事情的体会。游客会将旅游过程中的所见所闻深刻地印在自己的脑海中，并在旅游结束后对它进行回忆和感悟。从游客内心的角度来说，对旅游过程的回忆和感悟就是纪念性的价值所在。游客购买土特产品类文创产品是基于情感需要，土特产品类文创产品是一种文化产品，因此，土特产品类文创产品设计应作为一种文化形态来对待，具有地域与民族文化特色的同时又符合现代人的审美心理。

如图 2-3-3 所示的瑞金有机大米包装设计，结合了瑞金的红色遗迹文化元素，巧妙地将公略亭与大米包装进行同构处理。公略亭是为纪念大革命家黄公略前辈而建造的，生动的公略亭形象映射出黄公略前辈的丰功伟业，栩栩如生；所谓睹物思人，往事历历在目，唤起消费者对瑞金革命先烈的无限追忆，感悟瑞金红色文化的同时也强化了产品的造型特征，使其富有浓厚的地域文化韵味，赋予产品独特的历史文化内涵。消费者将包装内部的产品取出之后，也可以将包装作为装饰品摆放在室内，表达对于革命先烈的怀念之情，使消费者对于旅游时的情感得以延伸。

如图 2-3-4 所示的云雾茶叶包装设计，创作者将鄱阳湖周边具有特色的地方建筑进行提炼、简化，移植到云雾茶叶包装中，赋予茶叶浓郁的地域文化韵味，使消费者不仅停留在品茶的环节，同时也可以“赏茶”，增强了消费者与鄱阳湖地域文化的情感沟通。泡茶时茶包悬挂的小配件，不仅帮助消费者打发等待泡茶时的无聊时间，同时也是一种极具地域文化内涵的装饰。

如图 2-3-5 所示的畲族婚庆礼品系列包装设计，创作者将畲族传统文化中的婚庆元素融入包装设计中，极具当地风土人情特色；通过对婚庆服饰中的造型及纹样的提炼实现产品与服饰的“同构”，喜糖包装的开口处采用新娘的领口造型元素作为设计灵感，

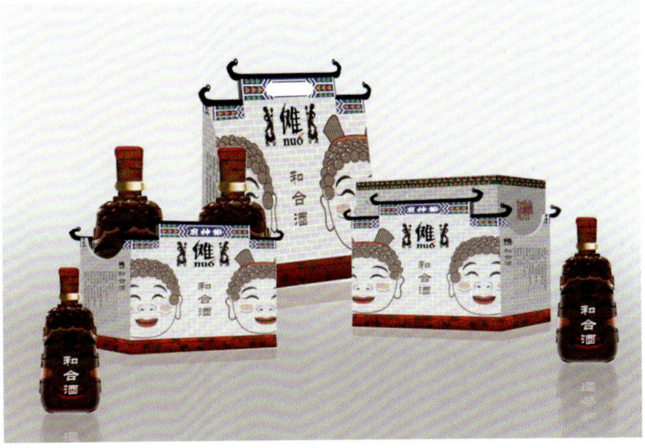

图 2-3-1　傩庙和合酒土特产包装设计
（图片来源：王明哲自制）

图 2-3-2　哈尔滨地域文化元素红肠包装设计
（图片来源：周靖康自制）

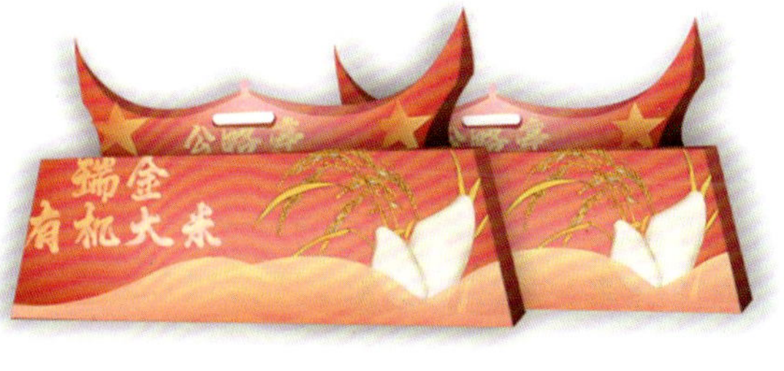

图 2-3-3　瑞金有机大米包装设计
（图片来源：周靖康自制）

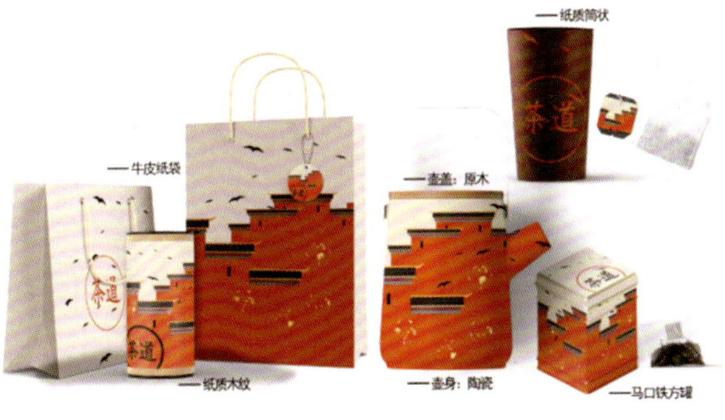

图 2-3-4　云雾茶叶包装设计
（图片来源：路雨华自制）

图 2-3-5　畲族婚庆礼品系列包装设计
（图片来源：张田自制）

图 2-3-6　畲族手工茶饼干系列包装设计
（图片来源：张田自制）

图 2-3-7　赣傩江西土特产品包装设计
（图片来源：刁卉莹自制）

将凤凰图腾的纹样应用其中，受众收到此贺礼，便可以感受到浓厚的婚庆韵味与民俗风情。设计师通过将畲族传统民俗元素与产品进行有效结合，做到更好地为受众解说畲族传统文化，帮助受众领略别具特色的民俗风情，从而给其留下深刻的印象。

如图 2-3-6 所示的畲族手工茶饼干系列包装设计，创作者将最具代表性的畲族凤凰图腾进行提炼与再设计，对其形态、色彩及构图进行变换，实现了凤凰纹样栩栩如生地展现在受众面前。此系列产品不仅可以在视觉感官上吸引用户的眼球，还拓宽了畲族传统文化的宣传渠道，极具地方民俗特色。同时创作者还将信封作为附赠品赠送给消费者，消费者可以将在景区中所经历的所见所感写在信封中邮寄给亲朋好友，如此不仅实现了产品与消费者之间的情感互通，同时，又吸引更多的人愿意主动去了解畲族传统文化。

2.3.2　土特产品类文创产品的功能

（1）以产品的研发开拓其蕴含的文化市场。地域文化不仅是游客别样的亲身体验，同时，也是旅游纪念品设计的主要依据，还是旅游纪念品所要表达的符号。将地域文化与旅游纪念品设计充分融合在一起，使旅游纪念品可以成为媒介，通过旅游纪念品来展示当地的地域文化，同时，地域文化与旅游纪念品的融合还可以提升旅游纪念品的品质和内涵，从而吸引游客，促进旅游业的发展。

如图 2-3-7 所示，本款包装设计以江西赣傩文化为核心，巧妙融合地方特产风味与传统元素，既凸显了地域文化特色，又兼具现代设计感。包装图案以赣傩面具为灵感，采用夸张且富有表现力的卡通风格设计，既保留了赣傩的传统艺术形式，又通过活泼的造型和明亮的色彩增加了现代感，使其更具亲和力和辨识度。每款产品包装采用不同的颜色主题，分别对应“南丰蜜桔”“婺源绿茶”和“萍乡火腿”等特色产品。包装设计巧妙融合了各产品的特色图案和颜色，既突出了产品的地域特色，又强化了品牌识别度。例如，南丰蜜桔包装以橙色为主色，搭配上蜜桔的图案，表现出蜜桔鲜甜的口感；婺源绿茶包装则采用绿色调，并加入茶叶图案，展现了茶叶的清新与自然；而萍乡火腿包装以红色和深蓝色为基调，突出了火腿的香气和传统的风味。除了面具和色彩的搭配，每款包装还采用图标化设计，直观呈现土特产特色，便于消费者快速识别。包装底部运用简洁的线条和鲜明的色块，既增添了现代感和活力感，又中和了传统图案的古典气息。整体设计巧妙融合江西赣傩文化与土特产自然元素，打造出兼具地方特色与现代美感的包装。这些包装不仅具有产品保护功能，也能提升产品品质感，更向消费者传递独特的文化内涵。此系列包装设计将传统文化与现代设计巧妙结合，充分展现了江西丰富的文化底蕴和土特产品的独特魅力。

如图 2-3-8 所示的客家米酒包装设计，创作者的灵感来源于客家当地的风土民情及山水人文风貌，将当地民风淳朴的日常生活和亮丽风景以插画的形式展现在消费者眼前，丰富了包装视觉效果的同时也展现了当地民风淳朴的特色，给人以返璞归真、原生态之感，满足了消费者对于田园闲居的美好向往，也极大程度地推广了当地的地域文化特征，对刺激当地旅游、经济发展具有推动作用，以文创产品的途径开发当地的文化资源，实现了文化传播与经济效应的互利共赢。

（2）利用产品为媒介宣传其蕴含的文化资源，即通过系统化与关联性的土特产品类文创产品呈现带入对其文化的体验上。地域文化是一个区域的文化浓缩和代表。因此，基于地域文化的土特产品类文创产品需要对地域文化进行深度挖掘，取其精华，去其糟粕，将经过实践沉淀的文化充分体现在土特产品类文创产品设计中，使产品具有设计感和质感，通过设计让地域文化散发出新光芒，从而将带有地域文化特色的土特产品类文创产品变成新潮流中的文化符号，成为在新时代背景下的新的文化传承途径。

如图 2-3-9 所示的腊肉包装设计中，将红绿相间的油菜花田进行简约化处理，并将油菜花以手绘的方式呈现在腊肉包装上，包装材质选用麻质布袋，以环保绿色的设计理念呼应了消费者返璞归真、向往自然的消费心理；油菜花作为江西婺源夏天一道亮丽的风景线，吸引了无数的游客前来观赏这场视觉盛宴，将其运用到包装设计中，做到了景与物的有机融合，带动产品销量的同时，也拓展了婺源油菜花景区的宣传渠道，实现了两者互利共赢、相辅相成。

如图 2-3-10 所示的鄱阳湖绿色茶叶包装设计，鄱阳湖有大量的国家一级保护鸟类，是亚洲最大的候鸟越冬地，每年冬季都是一场候鸟迁徙的视觉盛宴。创作者将鄱阳湖地域文化中的鸟类文化元素作为装饰元素，极具鄱阳湖特色；将鸟类与山水以水墨画的方式进行展现，传统的水墨画赋予了鄱阳湖地域景色原生韵味之感，呼应了包装内部茶叶的本质内涵与传统特色；打开包装，扑鼻的茶香和鄱阳湖水墨画的加持，仿佛将消费者带到绿色生态的鄱阳湖湿地，使其有拥抱自然之感，增强了消费者与产品之间的情感互动，品茶的同时也在品味鄱阳湖的文化，对于地域文化的传承与发扬有一箭双雕之妙。

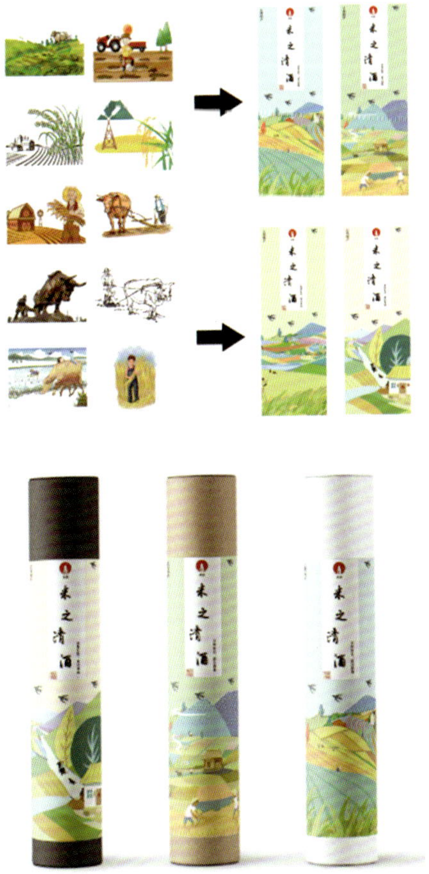

图 2-3-8　客家米酒包装设计
（图片来源：李鸿祥自制）

图 2-3-9　腊肉包装设计
（图片来源：路雨华自制）

图 2-3-10　鄱阳湖天然绿茶包装设计
（图片来源：周靖康自制）

如图 2-3-11 所示的剪纸文化元素哈尔滨红肠包装设计，创作者将哈尔滨的二人转艺术以建筑的形式进行展现，通过对其表演形态的捕捉并加以艺术化处理，展现了哈尔滨二人转艺术独特的民俗文化美感；作者以多层次的手法将平面画的艺术表现形式以二维的感官效果进行展示，增加了包装的纵深感与层次性；给人以向包装内部窥探之感，无形之中增强了消费者与产品之间的有效互动，不仅拓宽了旅游地文化市场的开发渠道，同时也便利了消费者更加直观地去了解当地的传统文化，实现了“艺术审美”与“文化呈现”的完美融合。消费者购买此产品后，可以将其外立面进行拆解，作为房间中的小摆件，具有一定的装饰性，每当消费者看到此摆件，便可以联想到在旅游地时游玩的美好体验，同时，也实现了“二次”文化输出和思维记忆巩固。

图 2-3-11　剪纸文化元素哈尔滨红肠包装设计
（图片来源：周靖康自制）

拓展阅读

功能性文创产品的市场潜力

在各类文创产品中，功能性文创产品越来越受到市场的青睐。这类产品不仅具有艺术价值，还兼具实用功能，如文创家居用品、办公文具、时尚服饰等。随着消费者对个性化和定制化需求的增加，功能性文创产品的市场潜力不断扩大。值得注意的是，融合智能科技的文创产品，如智能手表、可穿戴设备等正成为文创产品中的新兴趋势。如何实现文创产品功能性需求与美学表达的平衡，已成为当前文创设计领域的重要课题。

跨界合作与文创产品的创新

近年来，越来越多的品牌通过跨界合作打造创新型文创产品。通过与其他行业的跨界合作，如时尚与传统文化的融合、科技与文创产业的联动，创新文创产品层出不穷。例如，某知名服饰品牌在其服装中融入传统文化元素，推出了具有民族特色的文创服饰系列；科技公司将智能技术与传统工艺相结合，开发出具有文化特色的智能产品。这种跨界合作不仅丰富了文创产品的种类，还为文创产业带来了新的活力和创意。

本章小结

本章在对文创产品进行分类的基础上，通过对各类文创产品的功能及特征进行分别探讨与阐述，并以大量案例进行佐证，为同学们阐明了在文创产品设计过程中应注意的问题及文化元素在不同种类文创产品中的表现形式。在本章学习结束后，同学们应该掌握文创产品设计的以下原则：在文创产品的设计过程中，首先一定要将其功能性特征作为主要因素进行考虑，即“为生活而设计，为生活而服务”，只有能够满足消费者使用功能要求的文创产品才能够深受消费者青睐；其次才是文创产品造型的美观及视觉的和谐，二者之间相辅相成，缺一不可，而视觉效果并非繁复为佳，而是尽量选取能够与用户产生共情的设计元素，以此来实现视觉感与情感的“一语双关”，从而褪去笼罩在文创产品上的装饰，还原产品本身的生活之美；最后是文创产品与设计元素之间的匹配关系，要通过对文化元素的充分理解与挖掘，将其渗透在产品的每个细胞中，以此实现文创产品与文化语义之间的“形意结合”，从而给消费者带来良好的购物体验与交互体验。通过对以上文创产品设计的核心要点进行充分理解，在设计过程中，便能够更好地将文化与产品结合，从而实现以产品带动文化的发展、以文化拉动产品的销量，二者之间实现“互利共赢”。

思考与练习

1. 单项选择题：(　　) 不属于文创产品的分类。

A. 创意礼品类文创产品　　B. 生活用品类文创产品

C. 土特产品类文创产品　　D. 娱乐类产品

2. 单项选择题：(　　) 注重结合当地特色的自然资源。

A. 传统工艺类文创产品　　B. 土特产品类文创产品

C. 现代艺术文创产品　　D. 数字文创产品

3. 单项选择题：文创产品分类的主要依据 (　　)。

A. 市场需求与功能　　B. 产品生产速度

C. 成本控制　　D. 产品外观

4. 判断题：创意礼品类文创产品仅注重外观设计，不需要考虑产品的实用性。(　　)

5. 判断题：对文创产品进行分类可以帮助企业根据目标市场细化产品定位和营销策略。(　　)

习题答案

综合实践

1. 经典作品分析

题目：分析“故宫文创产品系列”中的文房四宝系列产品，探讨其作为文化商品的市场定位和创新设计。

要求及要点提示如下。

(1) 分析文房四宝系列产品如何将传统工艺与现代设计元素相融合。

(2) 讨论文创产品应如何通过创新设计满足现代消费者的需求，如结合艺术性与实用性的平衡。

(3) 探讨如何利用文化品牌塑造品牌形象，吸引更多年轻消费者。

2. 创作实践

题目：结合本地文化元素，设计一款以“文化旅游”为主题的文创产品，可以是家居用品、办公文具等。

要求及要点提示如下。

(1) 设计应考虑地域文化的特点，提取具有象征性的元素 (如地方建筑、传统工艺等)。

(2) 设计要突出产品的独特性和文化价值，同时兼顾实用性。

(3) 要结合现代流行趋势，考虑到市场的接受度和功能性。

第3章 所在地地域文化元素分类

■ **本章导读**

本章将地域文化元素分为山水风貌类文化元素、人文景观类文化元素、地方民俗类文化元素和历史遗址类文化元素四种。每种文化元素都有其独特的文化内涵，通过提取和提炼这些元素，可以设计出具有地方特色的文创产品，反映出各地不同的历史背景和文化特色。

■ **学习目标**

1. 了解旅游目的地地域文化元素的定义与重要性，掌握地域文化元素的分类方法。

2. 探讨自然景观、历史遗迹、民俗风情等文化元素在文创产品中的应用。

3. 研究不同地域文化元素如何通过创意设计转化为具有市场吸引力的文创产品。

通过对地域文化元素进行学习，学生不仅能深刻认识到中国地域文化的丰富性与多样性，增强对本土文化的认同感，还能理解这些文化元素的全球传播价值。这有助于引导学生在创新中传承优秀传统文化，推动中华文化在世界舞台上更广泛地传播。

■ 知识结构图

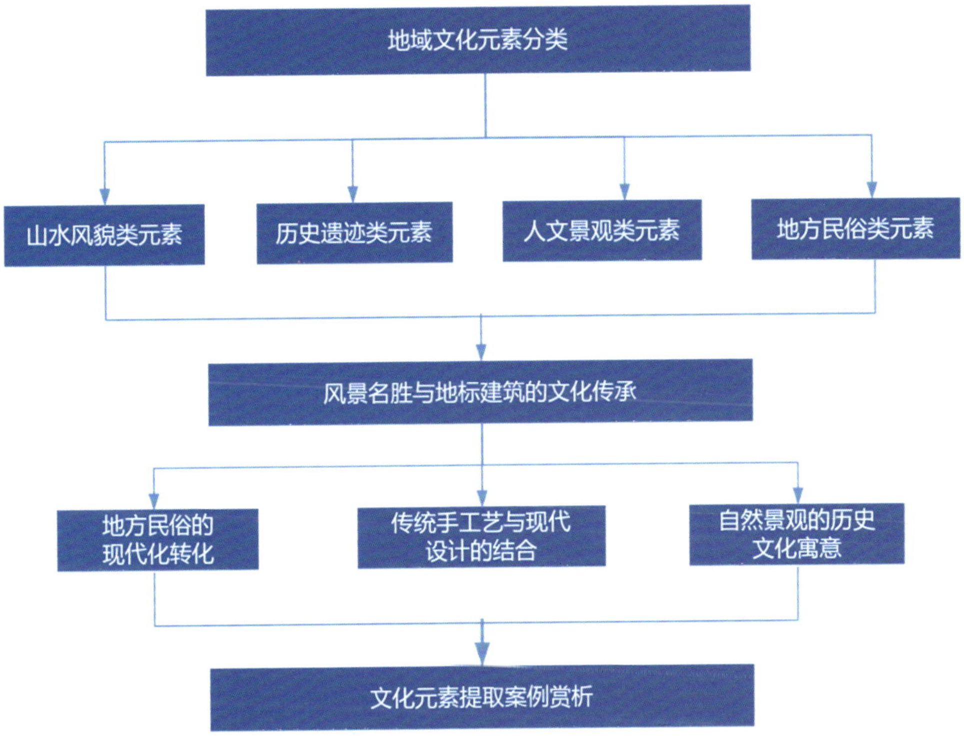

地域文化元素一般是以特定的地域和民族为基础，以地域文化的历史进程为主线，以当地景物为载体，以实际的现实为表象，是在人类社会的历史长河中发挥出重要作用的人文精神和时代活动的总称。地域文化元素反映着这一地区的社会、经济、政治、山水、民俗等文化状态，包含整个民族的艺术、哲学、风俗及整个价值体系的开端。所谓的地域性设计实际上是根据地域性特征和人文情感的设计，主要包括基于地域环境的设计和基于文化资源的传承性设计两个方面，是一种生态型和人文型的设计。

不同的地域文化元素必然会有不同的文化空间和地域特征，其中所呈现出的文化环境也必然会大不相同。例如，在我国长江流域的文化和黄河流域的文化虽然不同，但它们都同属于华夏文明；荆楚文化与赣皖文化同样也不同，但它们都同属长江流域文化；而荆楚文化又可以细分为屈原文化和三国文化等。地域性设计的基本方法是提取传统文化中的符号模式及功能模式，并将其运用在现代设计中，以满足本地地域文化的审美心理认同，造成相异地区人们文化审美心理的差异感。进行文创产品设计时，应概括出地域文化的共性和个性，突出地域文化的个性和特殊性，反映出特定地域的自然风貌、人文景观及风俗民情。根据旅游所在地地域元素的分类，可将其大致分为四个类别，即山水风貌类文化元素、人文景观类文化元素、地方民俗类文化元素和历史遗迹类文化元素。

山水风貌类文化元素

3.1 山水风貌类文化元素

山水风貌类地域文化元素是我国传统而独特的地域文化元素之一，在我国旅游文创产品中占据着重要地位，是必不可少的设计应用元素。在旅游文创产品设计中，使用我国的山水风貌文化元素，可以创作出具有当地风貌和地域特征的旅游文创产品。

我国的山水文化博大精深，在山水风貌类文化元素中，主要包含山、水、树木、怪石、奇观等文化元素，设计师进行设计时将这些文化元素提取再设计，采用图形、隐喻、形神兼具等方式与文创产品有机融合，从而营造出具有山水意境的旅游文创产品，这既是对山水风貌文化元素的传承和弘扬，也是对旅游文创产品设计的创新发展。

3.1.1 山水风貌类文化元素的内涵

山水风貌类文化元素从字面上理解指的是山川、湖海、风景、地貌。在古代，山水指的是自然景观，具有自然的总体特性，而崇尚自然的我国古人认为山水代表着天地万物的根本品性，是世界万物的根源，山水表现了我国古代天、地、人三者同一的思想和精神。

山水风貌类元素和文化是紧密联系的，孔子将山水比作品德，庄子将山水比作亲和，这些都为我国的山水文化赋予了丰富的思想和内涵，让古代的文人墨客无一不拜倒在怪石嶙峋和波澜壮阔的山水之下，无数的诗词画卷让山水的雄伟与壮阔通过文字和图像的方式流传百世，为后人所膜拜。从山水中衍生而来的山水画则是用绘画的方式体现出山水的内涵，从而逐步形成了独具中国风貌的山水文化和山水精神。唐朝文学巨匠柳宗元在《邕州柳中丞作马退山茅亭记》中写道："夫美不自美，因人而彰。兰亭也，不遭右军，则清湍修竹，芜没于空山矣。"其体现了中国传统山水文化的真理和意蕴。

如图 3-1-1 所示的山水画是著名的山水画家赵群所画，他的画作给人超凡脱俗、雄伟大气之感。赵群临古、仿古不泥古，他的画继承了先祖画家的风骨和优势，将自己对事物和山水的理解都融入了所作画面中，赋予其鲜活的画魂，这也是他将这些优秀的创作展示给大家的意义。

崇尚和敬仰自然是山水风貌类文化元素的第一要义。山水风貌类文化元素全部来源于山川、湖泊，来源于神秘的自然，它充分表现了崇尚自然的内涵和意蕴。古人在认识和接触自然的过程中，从一开始的畏惧自然，到敬畏自然，最后与自然亲近交融、和谐共生，这是经历了数代人摸索寻求的规律。历代伟大的思想家们都将自己的情感和个性融入山水文化中，使山水文化不仅停留在个人的思想中，还真真切切地融入了时代文化的表层。波澜壮阔、胸怀天下的山水诗、山水画将这些壮观而原始的山水美景融入文化中，再呈现在后世人们的眼前，让人们无不惊叹与自豪。

如图 3-1-2 所示的千里江山图，这是一幅由北宋画家王希孟所创作的绢本设色画，这幅作品以长卷的形式，向我们展现了祖国的大好河山。它立足于传统，图中的画面细致入微，那些碧波荡漾的江河湖海、层峦起伏的广袤群山构成了这一让我们沉醉于其中的江南山水图，图中的亭台水榭、渔村野市、流水人家等静态场景穿插着孩童捕鱼、渔夫驶船、乡亲游玩、赶集等动态场景，动静结合让人仿佛置身其中。在这幅作品的人物刻画上，用笔极其细致，使人的神态和动作都跃然纸上；群鸟用笔轻轻一触，展翅高飞翱翔于天际。它表现出来的人与自然和谐共生，完美地将"天人合一"的状态，"道法自然"的关系，赏心悦目的自然美景和超脱意境的思想都包含其中。《千里江山图》画卷构图周密，色彩绚丽，用笔精细，

图 3-1-1 山水画图片《辋川图》
（图片来源：唐朝诗人、画家王维）

图 3-1-2 千里江山图
（图片来源：北宋王希孟）

成功地采用了散点透视法，将主题分成六段，各段均以绵延的山体为主要的表现对象，自然而连贯。有的以长桥相连接，有的以山体相连接，有的又以流水相连接，使得每一段的山和水既保持一种相对独立的状态，又互相联系，绝妙地融合在一起，深深地体现了移步换景的艺术形态。同时，又能将不同观点所体现的意境相接，巧妙地重组了空间和形态。运用多种构图方式的转变，使得整个画面跌宕起伏，波澜壮阔，富有强烈的韵律感和造型美，让人惊叹。其所表现出来的山河壮观，前无古人。

如图 3-1-3 所示，乐平山水四季屏风的设计灵感源自中国传统山水画艺术，尤其受到北宋王希孟《千里江山图》的启发。在此基础上，创作者以青绿色调为基础，将自然山水与四季变化相结合，通过色彩的层次渐变，生动展现了四季流转的意境。屏风整体分为四面，分别呈现不同季节的景色：春天的繁花似锦，夏天的绿意盎然，秋天的金黄丰收，冬天的雪景如诗如画。屏风通过鲜明的季节景色，表现了乐平地区的自然风光与四季轮回的和谐之美。每面屏风的设计都通过细腻的绘画风格呈现了山水、建筑与自然元素的和谐融合。春季的景色充满了生机，五彩斑斓的花卉和清澈的湖水相映成趣；夏季的画面则展现了郁郁葱葱的森林与青山绿水，洋溢着旺盛的生命力；秋季的画面中，丰收的果实和秋叶的金黄让人感受到温暖与丰饶；冬季则以银白的雪景为主，冷冽而宁静，展现出岁月的静谧与永恒。此屏风线条流畅、结构简洁，整体呈现出层次分明、错落有致的效果。四季的色调与元素相互交织，兼具装饰性与文化底蕴，既是居家装饰的点睛之笔，更是承载诗意与历史感的艺术品。它将传统山水画的精髓与现代设计理念相结合，赋予其全新的艺术生命。它不仅可以作为室内装饰提升空间的雅致氛围，还能够引发人们对自然与四季变化的思考。

人们对山水的情感不光来源于对优美自然景观的赞叹，更重要的原因是山水中凝结了我国自古以来的文化精神和民族底蕴，山水之中蕴含了丰富的人文内涵和精神面貌。在我国古代的城市建设方面，古代的建筑师和规划师特别重视山水，以至于山水园林成了古代城市建设的潮流，并波及了亚洲、欧洲其他国家。无论是山水诗词、山水画还是园林建筑，虽然它们对山水的表现方式各不相同，但它们所表达的思想情感是相同的，即都表达了对大自然的敬畏与热爱。

在我国有着许多闻名遐迩的山水奇景，有着“拜水都江堰”的都江堰、中华民族“万年智慧”的历史文化名片桂林、“水景之王”九寨沟等。这些景点的地域文化元素都以山水为主，其旅游文创产品大多也都与当地的山水元素相关，而在人们身边也有着许多优秀的山水文化等着挖掘和探索。

如图 3-1-4 所示的鄱阳湖候鸟基地拼图，创作者通过鄱阳湖的山水美景、候鸟栖息地及周边美景，将鄱阳湖的风景及候鸟以插画的方式表现出来并用于拼图中。拼图是一种益智类玩具，它可以激发孩子的推理能力并增强手、眼的协调能力；许多设计师将拼图定义为玩具，而忽略了其地方特色价值，仅是将美景的实物图片随意堆砌到拼图中，而没有对其进一步的设计，导致市面上的拼图不是过于简单就是过于无趣。鄱阳湖系列拼图将鄱阳湖独特的山水元素通过插画的方式与拼图相结合，在保留了拼图功能的同时又带给消费者眼前一亮的视觉体验，同时，宣传了鄱阳湖的山水地域文化特色，让大家对鄱阳湖有了进一步的深入了解。

图 3-1-3　乐平山水四季屏风设计
（图片来源：肖官娣自制）

图 3-1-4　鄱阳湖候鸟基地拼图设计
（图片来源：陈文芳自制）

如图 3-1-5 所示，盘锦地域山水风景文创手机壳的设计灵感源自盘锦独特的自然山水景观，巧妙地将地域文化和自然风光融入现代生活。设计采用鲜明的色彩与生动的元素，通过极具创意的插画风格呈现了盘锦的山水之美，并将这些景色以全新的形式融入产品中，使手机壳不仅是一个实用的日常物品，还成为地域文化的象征。手机壳的设计展现了盘锦的自然美景，包含丰富的山川、湖泊、植物和动物元素。设计中运用了典型的山水画风格，流畅的线条与明亮的色彩相结合，展现了盘锦四季的不同景色。从雄伟的山脉到蜿蜒的河流，再到清新翠绿的植物和栩栩如生的动物形象，设计中将这些自然景观用富有现代感的方式重新呈现。色彩方面，设计中运用了鲜艳且饱满的色调，使整体画面更加活泼且充满生命力。绿色的山脉、蔚蓝的湖水、鲜艳的植物和丰富的自然景物交织在一起，既展现了盘锦山水的灵动，又突出了其自然和谐的氛围。设计中的细节，如飞鸟、花卉和水波的动态感，进一步加强了画面的生动性和艺术感。其通过艺术化的插画设计，展示了盘锦美丽的风景与丰富的自然资源，赋予了手机壳文化和艺术的独特价值。它不仅是现代生活中实用的配件，还是推广盘锦地域文化和自然景观的载体，让人们在日常生活中感受到盘锦山水的魅力。

西晋时期的著名文学家左思在《招隐诗》中曾经说道："非必丝与竹，山水有清音。"这里他就已经指出"山水文化"在美学方面和情感方面所具有的价值，强调了"山水"和"清音"所带给人的美的感受，因此在我国传统文化中对山水的感受即是对自然的美的体会。我国在山水艺术文化不断发展过程中形成了极具民族特色和时代特色的审美方式，即重视情与景之间的相互交融，要求做到情中有景、景中有情；而对于旅游文创产品设计来说，从最开始注重产品的功能和使用方式，到现在注重产品的外观和用户使用的情感与体验已经成了设计中的重要部分。在市场的竞争压力和经济状况下，产品与产品之间的区别越来越小，主要的功能在相同的产品中基本上都能够实现，而怎样能够让消费者获得更好的情感体验和消费体验，让随身携带的"风景"与使用者产生共鸣则是旅游文创产品取得成功至关重要的因素。

如图 3-1-6 所示的新余山形水壶，创作者以新余的洪阳洞和仙女湖作为山形水壶的设计来源。水壶作为日常生活中的常用物品，人们常常忽视其审美要素，只追求其功能性。图中的水壶将洪阳洞的山势地貌提取并融入造型中，在符合人体工程学的情况下将壶把手赋予流线型，使人握住壶把手时更加舒适美观，同时，也将山脉的特征表现得淋漓尽致，与一般的水壶造型大不相同；在设计感十足的同时还兼有实用性和装饰性，将现代的人文思想观念及生活情趣融入山水风光中，极大地满足了消费者的审美需求，提高了消费者的使用感受；壶身使用新余仙女湖的湖岛元素中的水纹和颜色，并将其进行提取，在烧水时水纹会随着水温的升高而产生颜色的变化，让人能从外观上了解到水温情况，更加安全美观。

如图 3-1-7 所示，太原山水间文具置物架将山元素与置物架完美结

图 3-1-5　盘锦地域山水风景文创手机壳设计
（图片来源：王冉自制）

图 3-1-6　新余山形水壶产品设计
（图片来源：黄诗琪自制）

合，给人以自然生态之感，同时，用木材制作文创产品，丰富了产品的质感和肌理，巧妙地借用木材原本的肌理和颜色创造出不同温度与情怀的产品。太原山水间文具置物架，利用屋头来代替群山、假石，赋予了文创产品自然的温度感。

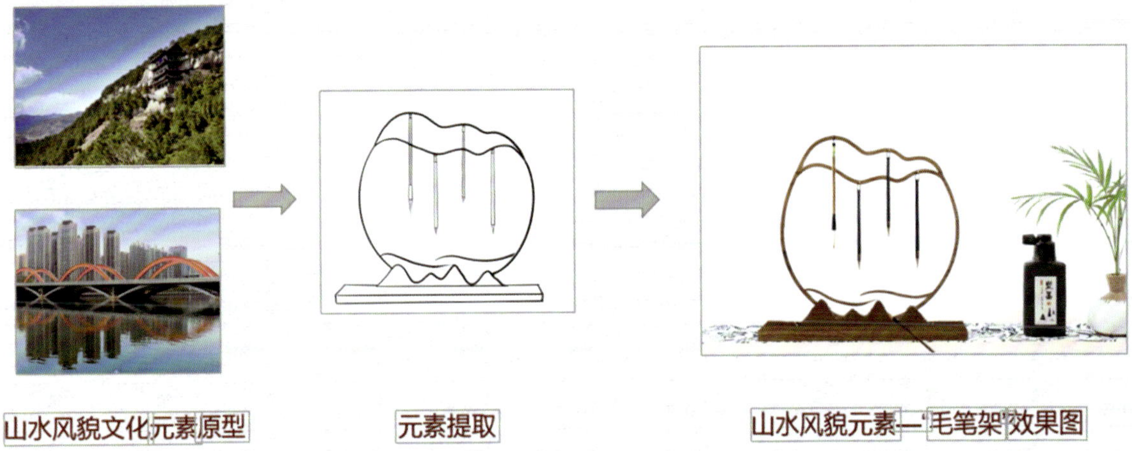

图 3-1-7　太原山水间文具置物架设计
（图片来源：张红自制）

3.2 人文景观类文化元素

人文景观类文化元素

对于人文景观类文化元素的定义，在艺术界和学术界中有许多不同的说法。从现代景观建筑设计的类型和表现来看，人文景观类文化元素也被称为文化景观元素。这种景观建筑往往可以作为一种旅游价值的表现形式，反映出古代人们创造性的思想动向及审美趋势，让游览者置身于这些景观建筑之中，从而获取相应的思想认知及精神上的升华。

从宏观上来说，人文景观类文化元素包括的范围十分广泛，种类也十分多样。归纳来说，主要包括古典建筑园林、宗教地域文化、民俗民风文化、历史遗址文化、文学艺术等范例。其中就包含以实物为载体的物化表现形式和以民俗文化为主题的精神表现形式。

3.2.1　人文景观类文化元素的内涵

人文景观类文化元素是指古今中外一切具有浓厚的民族特色和长效性、继承性、观赏性价值的人类意识的产物，是人类历史长河中文化的结晶和瑰宝，是从古至今人们所创造的物质价值和精神价值的综合体现。人文景观类文化元素具有以下两种内涵。

（1）人性内涵。人文景观作为一种人们有意识的创造物，包含了浓郁的人性因素，任何人文景观，其出发点都是将人、情感、意志、才能等本质力量对象化于其中，这也就更加丰富了人文景观的人性内涵。

如图 3-2-1 所示的新余抱石公园建筑元素环保杯套，创作者以新余的抱石公园作为创作来源。抱石公园是为了纪念新余的国画大师傅抱石所建造的公园，公园的内部建筑设计与布局都力求表现傅先生"阳春白雪"的艺术表现风格，创作者提取了抱石公园的建筑元素及色彩搭配。在生活中，杯套的作用甚少，只有在奶茶店或咖啡店才能见到，正因为如此，大家就会忽略它的价值；一个品牌宣传自己的产品要建立自己品牌的特色，而一个旅游胜地要宣传自己的景点当然也要大力宣传本地区的特色。新余抱石公园建筑元素环保杯套不仅具有审美价值还具有使用价值，如图 3-2-2 所示，将杯套上的元素拆卸下来可以变成书签，使产品不仅宣传了抱石公园的地域文化价值还具有使用价值，同时，还增强了产品的互动性和趣味性。

图 3-2-1　新余抱石公园建筑元素环保杯套设计
（图片来源：黄诗琪自制）

如图 3-2-3 所示，江南戏台•演绎文创户外挂布的设计灵感源自江南文化遗产与戏曲传统，特别是江南戏台的特色，结合了古典戏曲元素和现代的视觉表现形式。通过精美的插画风格，挂布生动展现了江南戏台场景与戏曲人物，使这款户外挂布不仅具有装饰性，还具备浓厚的地域文化氛围。挂布以古典戏台为背景，巧妙融入江南水乡特色，建筑与细腻花纹相得益彰，彰显江南的优雅与历史积淀。在人物设计方面，设计师选取了江南传统戏曲中的经典人物，服饰华美、神态鲜活，传递着浓厚的戏剧氛围与文化气息。色彩上运用温暖的金、红、绿等色调，增强了视觉的层次感和戏剧的表现力，也让整体设计更具传统文化的气息。背景中的戏台则采用细腻的手法进行描绘，独特的屋顶与亭阁结构，仿佛让人置身于那个充满戏曲与文化底蕴的江南水乡。这款挂布不仅是富有地域文化特色的装饰品，还是传统与现代结合的艺术表达。它既能提升家居空间的文化氛围，也可作为文创礼品，传递江南文化的独特魅力。它让传统戏曲在现代生活中焕发新生，为家居环境注入更多的文化韵味和艺术气息。

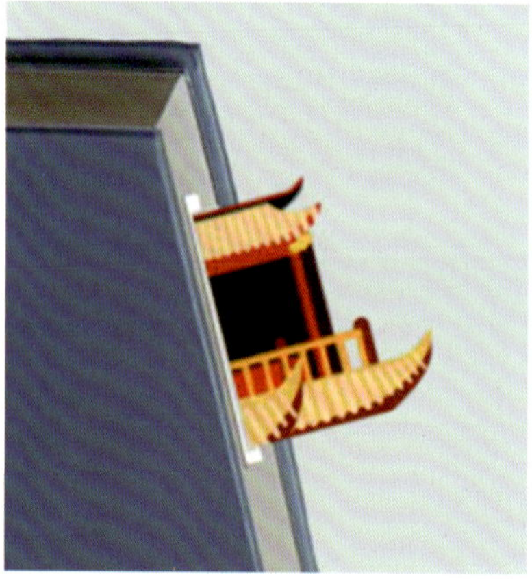

图 3-2-2　新余抱石公园建筑元素书签设计
（图片来源：黄诗琪自制）

如图 3-2-4 所示，江南美景之游园惊梦屏风的设计灵感源自江南水乡的传统文化，尤其是江南园林中的“游园惊梦”意境。通过细腻的画风与柔和的色彩，作品完美呈现了梦幻般的园林景观和古典女子的柔美形象。

图 3-2-3　江南戏台·演绎文创户外挂布设计
（图片来源：丁一慈自制）

这款屏风巧妙融合了传统戏曲元素与江南水乡的典雅气质，呈现出一幅古典美学与自然景观完美交融的画卷。这款屏风以多幅画面构成，每幅都精心描绘了江南园林的经典景致：小桥流水、荷塘月色与古建筑巧妙融合，构成一幅幅诗意画卷。画中人物身着典雅古装，展现出江南女性的温婉与娇美，体现了“游园惊梦”的主题。画面中人物姿态优雅，表情柔和，与园林景致相互映衬，营造出梦幻般的艺术氛围。在色彩运用上，设计师采用粉、蓝、绿等柔和色调，既展现了江南水乡的温婉特质，又通过浅金色暖调背景的山水建筑，为整体画面增添古典韵味。人物服饰的精美设计与自然景物的细腻刻画相结合，共同呈现出江南文化的精髓。这款屏风不仅是精致的家居装饰品，还是对江南文化与传统美学的完美诠释。通过细腻的艺术表现手法，它将江南的秀丽风光与深厚的人文底蕴融入现代生活，成为兼具装饰性、文化价值与艺术收藏价值的地域特色文创精品。

如图 3-2-5 所示，井冈山非遗全堂狮灯文创团扇的设计灵感源自当地传统非遗文化，尤其是全堂狮灯的精彩演绎。设计师通过现代手法融合井冈山的民俗艺术与传统工艺，打造出兼具地方特色与艺术美感的文创产品。作为井冈山传统节庆的亮点，全堂狮灯以舞狮表演象征吉祥、富贵与欢庆。团扇正面以生动的舞狮场景为主体：舞者身着传统服饰，动作充满活力；狮子形象栩栩如生，舞动的姿态与鲜艳的色彩相得益彰，展示了传统民俗的精髓。通过暖色调的渐变配色，暗示井冈山的自然人文底蕴。反面则采用透视手法，以简练的舞龙纹样搭配细腻的笔触肌理，凸显收藏价值。竹制扇柄既符合传统工艺，又增加了手持的舒适感，体现了传统与现代结合的独特魅力。在色彩运用上，设计师选用了红、黄、绿等鲜艳而富有传统寓意的色调，这些色彩在传统舞狮文化中具有吉祥的象征。整个设计充满活力且富有节庆氛围，让人联想到热闹的舞狮舞龙表演与欢快的节庆场面。这款团扇不仅是实用的日常用品，还是一件具有地方文化特色和艺术价值的收藏品。它通过现代设计手法将井冈山的非遗文化传递给更多人，也让更多人了解和感受传统文化的魅力。

（2）地域历史文化内涵。人文景观文化元素作为人类历史文化的结晶，积淀着深厚的地域历史文化内涵，从远古社会的文化遗址到进入文明社会之后的各种建筑景观，各朝各代所遗留下来的艺术景观数不胜数，各民族地区所创造的民俗文化景观不胜枚举，这些都是人类文化的优秀成果。

图 3-2-4　江南美景之游园惊梦屏风设计
（图片来源：黄晴雯自制）

图 3-2-5　井冈山非遗全堂狮灯文创团扇设计
（图片来源：宁瑾文自制）

如图 3-2-6 所示的太原晋祠元素书立，创作者以太原晋祠为创作来源。晋祠是我国现存最早的皇家祭祀园林，晋国宗祠是我国古代建筑艺术的集约载体，是三晋历史文脉的综合载体，历史文化深厚。创作者将晋祠作为提取元素，以消费者在日常生活中所用到的书立为载体设计。书立作为书的承载者，不仅具有使用价值，也应具有审美价值。通过书立将太原的建筑文化元素进行巧妙的融合，展现了太原地域文化晋祠的本土韵味，加深了消费者对太原地域文化的进一步了解和喜爱。

如图 3-2-7 所示，乐平古戏台桃酥收纳盒的设计灵感源自当地传统文化与民俗特色，设计师巧妙融合了古戏台元素与现代视觉语言，打造出一款兼具地方文化内涵与实用功能的文创产品。设计师以乐平戏台建筑为原型，结合桃酥这一传统美食，通过鲜明的色彩与独特的造型，传递出传统与现代交融的美学理念。收纳盒的整体造型如同一座精美的传统戏台，圆形的顶部与方形的底座相结合，完美体现了戏台建筑的层次感与立体感。主体部分采用鲜亮的粉色和绿色搭配，既现代时尚，又富有活力。盒身上方以简洁的设计呈现乐平字样和桃酥图案，巧妙展现了当地的文化特色与传统美食。收纳盒的侧面精心设计了象征性图案，如戏台舞台元素和古典花纹，凸显了乐平古戏台的文化底蕴。提手部分则采用了戏台的建筑风格，使整体设计更具立体感和艺术气息。鲜艳的色彩搭配既营造出温馨、喜庆的氛围，又蕴含着中国传统色彩的独特韵味。这款收纳盒不仅是一件富有艺术感的收纳工具，还是对乐平传统文化的传递。它结合了传统工艺和现代设计，既可作为家居装饰物，也能为日常生活提供便利。通过这种富有文化意趣的设计，用户在品尝美味桃酥的同时，也能感受到乐平独特的地域文化魅力。

说到江西，很多人首先会想到秀美的山水和深厚的文化底蕴，而在江西的民间文化中，“赣傩”是一个独具特色的存在。赣傩是源自江西赣南地区的传统戏剧与仪式活动，拥有千年历史传承。它以舞蹈、面具和歌唱为主要表现形式，既承载着浓郁的地方特色，又蕴含着神秘的民间信仰。其中，赣傩面具（图 3-2-8）是其最具象征性的艺术形式之一。这些由木、纸、陶瓷等材料制作的面具形态多样、色彩鲜艳，常用于祭祀、祈福、驱邪等民间活动中。每一副面具都有其独特的寓意和背景，传递着人们对吉祥、平安的美好祈愿。尤其是传统的傩神面具，是赣州民间文化的重要载体，体现了深厚的历史文化底蕴和艺术价值。赣傩不仅是一种民间艺术形式，更是江西人民敬畏自然、热爱生活的文化象征。在传统祭祀仪式中，面具、舞蹈与歌唱相互交融，共同构成了一种富有表现力和仪式感的文化景观。赣傩的传承至今仍深深植根于江西人民的生活中，成为当地文化的宝贵财富。随着现代文创产业的发展，赣傩的面具、舞蹈和戏剧不仅走出江西，更通过创新形式活跃在当代文化舞台，成为中国传统文化的一张

图 3-2-6　太原晋祠元素书立设计
（图片来源：张红自制）

图 3-2-7　乐平古戏台桃酥收纳盒设计
（图片来源：黄诗琪自制）

图 3-2-8　江西非遗傩面
（图片来源：李鸿祥自摄）

特色名片。而每一副赣傩面具与其背后的故事，也将继续以独特的方式传承和演绎下去。

如图 3-2-9 所示，这款陶瓷盘的设计灵感源自江西传统非遗文化，以傩面这一独特民间艺术为创作蓝本。傩面作为江西非遗的重要代表，广泛用于庙会和节庆活动中，具有浓厚的地方特色和文化象征。设计师通过将这一传统面具艺术融入现代陶瓷设计，使其焕发新生，实现了传统艺术与现代生活的完美融合。陶瓷盘正面精心绘制了传统傩面图案，色彩鲜明且富有层次。每个盘面上的图案展示了傩面不同的形态和色彩，在保留传统细节与文化内涵的同时，通过现代设计手法赋予其更强的视觉冲击力。设计师选用红、黄、绿等鲜艳色调，凸显傩面特有的神秘感、威严气质与吉祥寓意。盘沿装饰着传统吉祥纹样，寄托着对幸福生活的美好期盼。陶瓷盘整体设计平衡了传统与现代的审美需求，既体现了江西民俗特色，又符合现代审美标准。采用高品质陶瓷材质打造的盘面光滑细腻，兼具耐用性与艺术价值。它不仅是家居中日常使用的器皿，还是一件具有收藏价值的艺术品。作为江西非遗文化的载体，这款陶瓷盘让传统傩面艺术在现代家居中焕发光彩。它既是对传统文化的致敬，也是对艺术和美学的表达，无论是作为家居装饰、文化礼品还是收藏品，均能充分展现江西地方文化的独特魅力。

图 3-2-9　江西非遗傩面陶瓷盘设计
（图片来源：汪玉婷自制）

3.3 地方民俗类文化元素

地方民俗类文化元素

地方民俗类文化元素是地方民族的精神生活及物质生活的表现，属于民间世代相传的一种文化现象。民俗文化元素包含服饰、饮食、居住、民间信仰、文艺及语言等，种类繁多。民俗文化属于某一民族经过时代更迭，通过实践和创造不断积累下来的文明成果；地方民俗文化不仅是社会的意识形态，还是历史的文化遗产和瑰宝，需要传承和延续。早在《汉书·王吉传》一书中就有“百里不同风，千里不同俗”的说法。地方民俗文化作为一个民族的习惯与传统，经过几代人的传承和发展逐渐形成了国民深层的心理积淀。地方民俗文化元素能够承接古今内外，沟通历史和未来。

3.3.1　地方民俗类文化元素的内涵

地方民俗文化是随着人类社会的产生而产生，随着人类社会的发展而发展的。文化是人类社会所特有的生存方式和地方特色，人类社会总是以文化的方式存在和发展。自有了人类以来，人类因生存的本能一直处在为种族繁衍，为生存而求食的顽强拼搏中。从采集和狩猎的时代进入原始的农业时代后，因为生存能力和生存环境的影响，人们不得不依靠前者的经验和群体的帮助，不得不寄希望于风调雨顺、国泰民安。因此，在农业发展的社会中，在神魔化的思维特征和经济方式的奇妙结合下，便产生了原始的宗教信仰、崇祀和禁忌等民俗活动，崇祀天地山川、自然万物；当社会形态从原始的部落聚居进入长达两千年的封建社会后，在儒家思想作为主流文化的支配下，民俗文化与礼制相结合，形成了人类社会生活的行为规范；随着社会生活领域的不断扩大和发展，民俗文化的内容也随之变化和发展，它代表的不仅是当时文化的重要部分，也是后世文化的起源和承接点。

（1）地方民俗类文化是一种本源文化，本源即是事物的开端和起源。地方民俗文化中保留着丰富而古老的中国本源文化，从而成为“活化石”；并扮演了承接上下五千年华夏文明的重要文化角色而成为“活档案”。

如图 3-3-1 所示的新余“仙女下凡”传说卡通玩具盲盒设计，创作者以新余仙女下凡的民间传说为创作来源，提取七位仙女的形象，将她们以卡通画的形式表现出来置于盲盒中（所谓的盲盒，里面通常装的是卡通形象、动漫、影视作品的周边产品，或设计师单独设计出来的玩偶等，之所以叫盲盒是因为盒子上和包装中没有标注款式型号，只有自己亲手打开才能知道里面装的是什么）。将七仙女的卡通形象置于盲盒中，大大丰富了七仙女民间传说所带给人的趣味性，同时，让人欲罢不能并产生猎奇心理，因为人们永远也不知道自己获得的是哪一个，并且还想要将这七款精美的卡通形象全部集齐，使文创产品不仅具有趣味性，还让孩子们更容易接受当地的风俗和传说。

（2）地方民俗文化是生活的文化。人们在社会生活中进行的各种社会活动都统称为生活，地方民俗也是人们生活方式的一种，有其特定的区域和特性。节日、衣食住行、家族聚会、信仰禁忌、杂耍游乐、方言俚语等地方习俗都包含于地方民俗文化中。“十里不同风，百里不同俗”，各地的地方民俗文化都是其当地的自然条件和历史条件下的产物，在其诞生时，都会被认为是美好的生活方式从而被创造且流传开来，通过世世代代的传承又延续和发展。地方民俗文化其实质是展现地方各自生活习俗的美。美好的生活就是当下最符合理想的生活，是理想和现实的完美统一，哪怕是最困难的生活条件和方式，也总要千方百计地使生活附带美的色彩，把最朴素简单的生活艺术化。地方民俗文化不仅承载着保留和延续地方特色的责任，更肩负着记载与传承地方乡村特色的使命。在国家重视文化保护与传承的当下，地方民俗文化的发展也会越变越好。

图 3-3-1　新余“仙女下凡”传说卡通玩具盲盒设计
（图片来源：黄诗琪自制）

如图 3-3-2 所示的民间风俗饺子包，创作者以冬至吃饺子的民俗为设计灵感，提取饺子的形状设计成包包的样子。冬至是我国十分重要的节气，在冬至这一天我国的南北方会有不同的习俗，北方大部分地区会吃饺子，而南方会吃汤圆。斜挎包在女性日常生活中是必不可少的出街单品，时尚方便；人们追求独特，希望自己的搭配是独一无二的，饺子包的造型独特，区别于传统的斜挎包，让人眼前一亮。材质使用的软皮模拟了饺子皮的感觉，其小巧耐用的同时也给消费者的日常生活增添了趣味性。

如图 3-3-3 所示，油然而生——上饶婺源油纸伞非遗文创的设计灵感源自婺源传统油纸伞工艺，设计师巧妙融合了这一地方非遗技艺与现代设计语言，打造出既具传统韵味又符合当代审美的文创产品。婺源油纸伞以其精致的工艺和深厚的文化背景，在中国传统手工艺中占据重要地位。本设计将油纸伞的传统艺术形式与现代生活需求相融合，既传承了婺源的非物质文化遗产，又为现代人提供了一款兼具美观性、实用性和文化气息的艺术品。油纸伞采用经典的八角造型，伞面饰以精美的花卉、山水等元素，充分展现婺源地方文化的独特韵味。油纸伞的整体色调清新和谐，结合中国传统水墨画风格，营造出简约而富有意境的视觉效果。每一把油纸伞都巧妙融入了婺源特有的乡村景致，柔和的色彩与精致的细节相得益彰，使其在现代家居中也能营造出浓郁的文化氛围。伞柄选用传统木质材料，表面光滑细腻，握感舒适。整体设计融入了现代元素，如可折叠结构和耐用防水材质，既保留了传统手工艺的精髓，又提升了实用性。伞面的花纹点缀与线条雕刻等细节处理，进一步增强了视觉吸引力，使其不仅是一件实用器具，更是一件具有观赏价值的艺术品。这款文创产品不仅是日常生活中的实用伞具，更是一件承载地方文化的艺术精品。它既能作为家居装饰，提升空间的文化氛围，也可作为特色礼品，传递婺源的文化魅力。这一设计将古老的婺源油纸伞技艺推向了现代市场，让更多人认识并爱上这项具有深厚文化底蕴的非遗工艺。

图 3-3-2　民间风俗元素饺子包设计
（图片来源：张红自制）

图 3-3-3　油然而生——上饶婺源油纸伞非遗文创设计
（图片来源：李松宇自制）

（3）地方民俗文化是一种规范且被大家所认同的文化。地方民俗都是在特定的群体和民族中形成的，它以一定的心理结构为依据，具有自然的规范作用和传承性的行为模式，从人们的衣食住行到心理活动，从行为举止到语言谈吐，人们都自觉或不自觉地遵从地方民俗的规定。虽然地方民俗不是成文法律但却具有强大的精神制约力，这种规范的教化功能民众都普遍认可，认为它可以避免纷争，保证全员在利益的分配上公平合理，它是在地方民俗的基础上形成的，人人都不能违反。

如图 3-3-4 所示的水族特色钥匙扣，创作者以水族端节为创作灵感，将水族人民在端节中舞蹈吹芦笙的场景设计出来用于钥匙扣中。端节是水族最为隆重的节日，水族人民将这个节日当作汉族的春节一样，是新年的开端；水族人民穿着特定的水族服饰、跳着水族的舞蹈、吹着水族特有的乐器芦笙庆祝年节。创作者将这些景象运用在钥匙扣中，同时，上面还附有祝福语“心想事成、健康长寿”来寓意美好。水族作为少数民族之一，同样也需要发扬其民俗文化与内涵，让大家了解其历史和文化，促进民族的共生与共赢。

（4）地方民俗文化是一种地方风俗文化。地方风俗通常是指在社会中因地域不同、生活方式不同、习惯不同所形成的个人习惯与风尚的总和。它反映的不仅是一个国家、民族和社会的生活方式，还是这个时代的特征，包含的领域广泛。地方风俗也指一个民族长期形成的共同行为，体现为民间绝大多数人立身处世的方式。它会直接影响一个时代的社会风尚、行为习惯和政治面貌，最终影响到历史的进程。地方民俗文化是本土人们一种自觉的信仰。

如图 3-3-5 所示的蒙古马笔筒，创作者通过蒙古的赛马节为创作灵感，提取了马元素融入笔筒当中。蒙古族对于马的重视体现在传统节日马奶节和赛马节的庆祝活动中，将蒙古族最具特色的马元素造型提取后进行变化设计，将其运用到旅游纪念品笔筒中。笔筒作为人们书桌上时常出现的物件，造型通常都十分乏味无趣、没有新意，而蒙古马笔筒在造型结构上使用简化的设计手法使其产生新的设计形式；外观上采用木质材料，既实用美观又新颖别致，同时，体现出蒙古族人们质朴无华的品质。独特的造型设计给笔筒增添了趣味性，也满足了消费者的视觉审美需求。

（5）地方民俗文化是传承且不断延续发展的文化。传统文化是世代相传、沿袭已久的成规，是中华民族世代传承下来的历史结晶和具有民族特色的文化遗产。

如图 3-3-6 所示，这款文创枕头的设计灵感源自江西传统非遗文化中的傩面具，设计师巧妙地将这一独特的民间艺术与现代家居用品相融合，创造出既富有地域特色又具有现代感的家居装饰品。作为江西民俗艺术的重要象征，傩面具以其鲜艳的色彩和生动的造型闻名，广泛用于驱邪祈福的活动中，承载着吉祥与保护的寓意。在这款枕头的设计中，创作者从传统傩面具中提取核心元素，通过卡通化手法进行再创作，赋予其更加亲切、活泼的视觉效果。每个枕头的面具图案都采用明快的色彩搭配和夸张的表情设计，既保留了傩面具特有的神秘韵味，又融入了庙会般的热烈氛围。这一设计不仅是对传统民俗的致敬，还通过现代设计语言与家居生活的完美融合，展现了传统文化在现代生活中的生命力。枕头正面采用简洁的图案布局，鲜亮的面具形象跃然其上，充满生机与活力。清新白色背景与柔和色块的搭配，平衡了视觉冲击力，提升了舒适感。边缘处精致的刺绣工艺更提升了整体的艺术感和细节感，使这款枕头兼具美观性与实用性。这款文创枕头不仅是一件具有艺术感和舒适感的家居用品，也是一件承载地方文化特色的文创作品。它既能够装饰家居空间，也能作为文化礼品传递江西非遗的独特魅力。通过这一创意设计，传统傩面具获得了全新的表达方式，赋予了人们一种温馨、愉悦的生活体验。

图 3-3-4　水族特色钥匙扣设计
（图片来源：陈文芳自制）

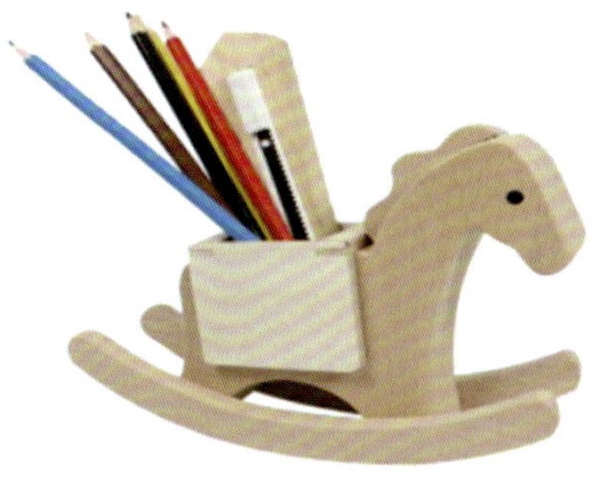

图 3-3-5　蒙古马笔筒设计
（图片来源：薄涛自制）

图 3-3-6　傩面具文创枕头设计
（图片来源：汪玉婷自制）

如图 3-3-7 所示的生旦净丑皮影头茬书签，创作者将庙会中的皮影戏作为创作灵感，将皮影戏中的人物与书签结合，让地方民俗以另一种方式存在于人们的生活。在如今工业化和各种娱乐方式层出不穷的时代，很少有人再专门请皮影戏艺人进行演出，只有在庙会活动时才有机会见到皮影戏，而庙会中的皮影戏演出也并非单独的艺术存在，而是联系了这一地区的文化、经济、信仰等。将皮影戏中独具特色的生旦净丑作为提取元素，结合书签进行再设计，让消费者感受到民间风俗多样化的视觉效果。

图 3-3-7　皮影生旦净丑头茬书签设计
（图片来源：张红自制）

（6）地方民俗文化是历史的见证者和传播者，是一个国家、一个地域的居民传承延续和发展的文化。在现实生活中，它表现出的是一个地区和一个时间段内社会群众所特有的行为习惯。在这段时间里，它不断地沉淀和聚集，以合适的时间形成，根据形势不断地发展扩大，并在不经意间影响着人们日常的衣食住行和观念。是可以与历史接轨、表现现存社会和展望未来生活的独特的地方文化与习俗。

如图 3-3-8 所示的全丰花灯莲蓬椅，创作者以江西省修水县的民俗文化活动全丰花灯为设计灵感，提取其花灯的元素运用于椅子上。全丰花灯是江西省修水县全丰镇一项介于灯、戏、舞之间的艺术表演活动，主要特点是灯队表演，具有浓厚的艺术色彩和民俗氛围。椅子是日常生活中随处可见的日用品，将花灯中莲蓬和蜻蜓的元素融入椅子中，椅子为大理石材质，让人坐上去就能感受到夏天的凉爽和微风，靠背提取了蜻蜓的翅膀元素，在符合人体工程学的基础上更加舒适美观，让人耳目一新且富有趣味性，在宣传全丰花灯、展现美的同时，也给人带来生活的便利。

图 3-3-8　全丰花灯莲蓬椅设计
（图片来源：王丽茹自制）

3.4 历史遗址类文化元素

历史遗址类文化元素

历史遗址类文化元素指的是古代人类活动的遗迹，属于考古学概念，它包括人类因不同的用途和生活方式所建的房屋或生活场所，也包含人们对自然的加工利用所存留下来的足迹和遗址。历史遗址文化的特点表现为不完整甚至破碎残缺的物体或建筑，具有一定的区域和形成范围，很多远古遗址大多深埋于地下。历史遗址属于历史文物，是文化遗迹也是历史的见证者。用于命名整个史前文化的遗址，被称作命名遗址。历史遗址类文化元素将历史遗址提取出来运用到文创产品中，赋予历史遗址二次生命。

3.4.1　历史遗址类文化元素的内涵

很多历史遗址类文化元素都是自然灾难或战争破坏之后所残存下来的建筑，因而，保护和研究这方面的学者与专家都对此十分重视，国家也十分在意历史的发展和遗存，许多历史秘密因这些残缺而脆弱的物品和建筑而揭开神秘的面纱。在面对历史遗址时，设计者应怀着一颗尊敬和爱护的心，将其运用在文创产品中，不仅是对历史遗迹类文化元素的发扬，更是人们对历史的铭记。

如图 3-4-1 所示，该插画设计以乐平古戏台这一历史建筑为创作灵感，运用独特的视觉语言再现了这座具有深厚历史文化背景的古建筑。作为江西省重要的文化遗产，乐平古戏台以其独特的建筑结构和精美的雕刻工艺而闻名，是地方戏剧文化的重要载体。创作者采用了简洁而富有表现力的线条，将戏台的建筑特征进行艺术提炼，重点刻画了屋檐结构、支柱体系、装饰雕刻等特色元素。建筑本身的精巧构造与戏台文化相结合，体现了古代戏曲文化与建筑艺术的完美融合。插画中的色块运用突出了建筑的传统韵味，红金配色让画面充满活力，同时传达出戏台作为表演艺术空间的庄严与神圣。插画的画面细节设计尤为精妙，如戏台的花纹雕刻、屋檐的线条装饰等元素生动展现了乐平古戏台的艺术特色。这些细节既强化了建筑的古朴美感，又让人感受到传统文化的深厚底蕴。插画的整体风格简洁明了，通过色块与线条的虚实结合，使古戏台的历史特征得以鲜活再现。该作品不仅呈现了乐平古戏台的建筑美学，还为这座历史建筑注入现代艺术灵感，在传承传统文化的同时展现出现代表现力。

如图 3-4-2 所示，这款立体书的设计灵感源自江西乐平古戏台这一具有历史文化价值的建筑。通过生动的立体纸艺形式，设计师巧妙还原了乐平古戏台的建筑特色与文化内涵。作为江西地方戏曲文化的象征，乐平古戏台兼具独特的建筑风格与历史意义，既是古代戏曲表演的重要场所，也是当地文化生活的中心。在立体书的设计中，设计师采用了立体纸雕工艺，再现了戏台的建筑结构、雕刻与装饰艺术。立体书每一页均以不同视角展现戏台的细节，配合精细的手工

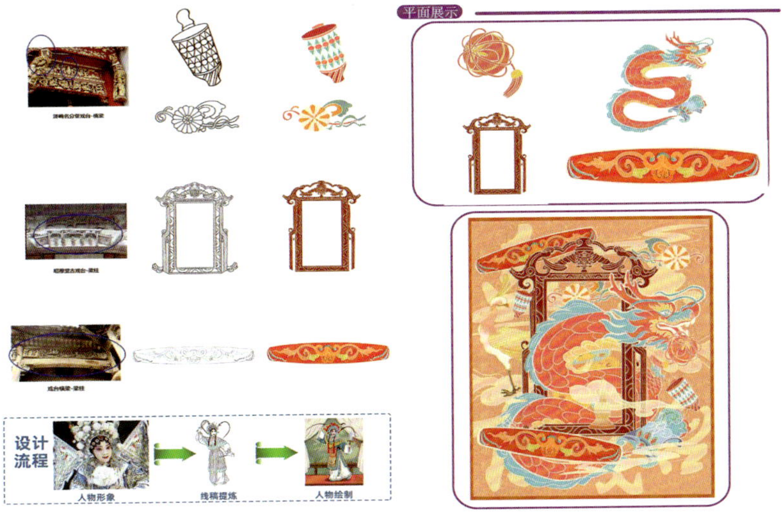

图 3-4-1　乐平古戏台立构插画设计
（图片来源：孔宇豪自制）

图 3-4-2　古戏台印象立体书设计
（图片来源：刘昕懿自制）

制作，使建筑的结构层次更加立体、造型更加生动。从屋檐、梁柱到雕花装饰，每一处细节都经过精心雕琢，传递出古代戏曲文化的精髓。书中还融入了现代风格的插画人物，生动呈现出传统戏曲演员的表演姿态与舞台元素。结合插图与文字，读者不仅能欣赏到乐平古戏台的建筑之美，还能感受到当地戏曲文化的独特魅力。每翻开一页，宛如步入历史舞台，感受戏剧和文化的交织。其整体设计借助色彩的对比与层次感的营造，使乐平古戏台的历史建筑特色得以生动呈现。立体书的形式打破了传统纸质书的限制，让建筑的塑造与文化的传递更加直观与立体。这本书不仅是乐平古戏台的艺术再现，还是一部融合文化、教育与创意的作品。它既适合作为收藏品，也可用于文化教育，向大众传播乐平古戏台及其深厚的文化底蕴。

如图 3-4-3 所示，这款文创冰箱贴的设计灵感源自乐平古戏台的历史建筑与传统文化。设计师通过复古图案和鲜艳色彩，将这座具有独特历史文化内涵的建筑与现代家居生活相融合。作为江西地方戏曲的发源地之一，乐平的古戏台拥有悠久的历史和独特的建筑风格，其精美的雕刻与地方特色装饰成为设计师灵感的源泉。冰箱贴的图案展现了乐平古戏台的传统建筑元素，如屋檐、龙纹、花卉等典型装饰，并采用深红、金黄、翠绿等复古色彩组合，既保留了传统建筑的厚重感，又赋予设计现代气息。通过色彩与元素的巧妙搭配，设计师将乐平古戏台的传统美学融入现代家居文化，打造出兼具艺术性与实用性的文创产品。在图案设计上，冰箱贴以鲜明的线条和图形突出古戏台的立体感与层次感，精准捕捉了古建筑的精致韵味。每一幅图案均从不同角度呈现戏台的细节，生动展现了乐平传统建筑的艺术魅力。

如图 3-4-4 所示，本款系列茶盘的设计灵感源自中国传统建筑中的藻井纹样，尤其是古代宫殿和庙宇中常见的藻井结构。藻井作为一种兼具装饰性与功能性的建筑艺术，常用于装饰屋顶中心，其复杂的几何图案和象征性元素不仅展现了古代工匠的精湛技艺，还承载着中国文化的深厚底蕴。本系列茶盘通过现代设计语言对传统藻井纹样进行了艺术化的呈现。中央图案借鉴了藻井的几何构图，通过对称与流动的线条营造出和谐的视觉美感。在色彩上，茶盘采用红、金、蓝等明快色调，既保留了藻井的古典韵味，又增添了现代的艺术气息。此外，茶盘边缘与背景融入细腻的花纹与符号，具有吉祥、繁荣与和谐的寓意，使整体设计兼具文化内涵与装饰性。在造型上，茶盘简洁典雅，既满足日常使用需求，又具有观赏价值，适合作为家居摆件或茶道用品。该系列茶盘不仅是对传统文化的致敬，还是对现代生活方式的艺术升华。它以创新方式演绎藻井图案，传递了中国古代建筑艺术的精髓，为现代人提供了一种将传统文化融入日常生活的方式。

图 3-4-3　乐平古戏台复古纹样文创冰箱贴设计
（图片来源：刘洋、李蕾自制）

图 3-4-4　藻井纹样系列茶盘设计
（图片来源：涂勇自制）

如图 3-4-5 所示的瑞金红色精神书签，创作者以瑞金为创作灵感，将瑞金的红色文化和精神融入书签中，让人们铭记历史、传承优秀品质。瑞金是举世闻名的红色革命地、共和国的摇篮、中央红军长征的出发地，自 1995 年新华社在瑞金修建革命遗址、续写“红色家谱”以来，革命遗址已经成为瑞金红色旅游的一大景观。书签使用大面积的红色符合瑞金的红色精神，字体采用的镂空设计更是具有设计美感，将红色精神口号传达得一目了然，红色背景上用黑色提取了口号中的关键字，表达了坚定的信念和决心。

如图 3-4-6 所示，江西赣剧文创插画卷轴以江西赣剧为创作灵感，通过现代插画风格展现这一传统戏曲的艺术魅力和地方特色。作为中国传统戏曲之一，赣剧具有悠久的历史和丰富的文化底蕴，其表演形式、服饰和音乐极具地方特色，是江西文化的代表之一。设计师以赣剧经典人物、服装及动作为基础，运用生动的插画语言，将传统艺术与现代设计巧妙融合。人物形象采用卡通化手法，既保留赣剧演员的经典造型，又通过服饰花纹、面具艺术、神态刻画等细节，生动呈现赣剧的表演风格和精神内涵。背景设计融入江西自然景观与建筑元素，增强文化氛围和视觉层次，使画面整体既有传统韵味，又富有现代艺术表现力。这款插画卷轴不仅是一件艺术作品，还是对赣剧文化的传承与创新。它通过现代设计手法让传统艺术焕发新生，既适合作为家居装饰，也可作为大众了解赣剧的媒介。这款文创产品旨在将赣剧这一传统文化以更加亲民和生动的方式呈现给大众，让更多人感受到赣剧的独特魅力和历史价值。

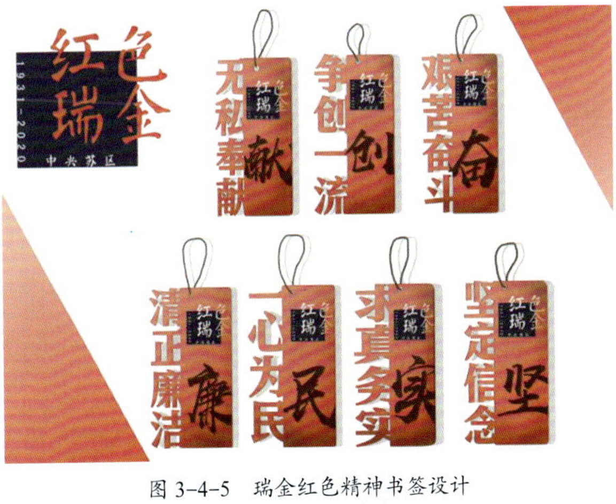

图 3-4-5　瑞金红色精神书签设计
（图片来源：周靖康自制）

图 3-4-6　江西赣剧文创插画卷轴设计
（图片来源：龚倬颖自制）

如图 3-4-7 所示，赣剧文创摇头立牌融合了江西赣剧这一传统艺术形式，通过卡通化和现代化设计手法，为传统戏曲角色注入了新的生命力和趣味性。立牌的设计灵感来源于赣剧的经典人物和戏服，设计师以活泼可爱的卡通形象重新演绎这些元素，既贴合现代年轻人的审美，又保留了赣剧独特的艺术风格。每个立牌人物都根据赣剧的经典角色进行了重新演绎，身着传统服饰，头戴精致头饰，表情生动，造型有趣。本设计不仅注重人物形象的塑造，更在文化上深度融合了赣剧历史遗迹的视觉元素。赣剧作为中国四大地方剧种之一，有着深厚的历史积淀，其演出场所传统赣剧戏台，多位于祠堂、庙宇或乡村集市中，具有鲜明的地方建筑特色与文化气息。在产品的整体造型与底座结构设计中，设计师巧妙呼应了赣南传统戏台的台面轮廓和栏杆式样，融入了木构架、挑檐、仿青砖纹理等视觉元素，让人联想到赣剧演出曾经活跃的文化场域。通过摇头立牌的趣味结构设计，使这些角色在摆放时展现出俏皮、生动的一面，增加了互动性和娱乐性，能有效吸引消费者注意。本产品不仅在人物塑造上生动可爱，还充分考虑了使用体验。立牌采用坚固透明的材质，底座稳固，适合装饰书桌、办公桌，也能为空间增添一份传统艺术气息。其动态摇头效果与童趣表达，使其不仅是具有收藏价值的文创商品，也能成为推动传统戏曲文化传播的轻巧载体。赣剧文创摇头立牌是一款集传统文化、历史记忆与现代设计于一体的创新产品。通过可爱卡通的表达形式与对赣剧历史演出空间的呼应，打破了传统戏曲艺术的严肃边界，使赣剧文化以更生动、更亲和的面貌进入大众视野，成为连接传统与当代的新型文化媒介。

如图 3-4-8 所示，赣剧文创明信片的设计灵感源自江西赣剧这一独特的传统艺术形式。设计师将赣剧经典人物与现代卡通风格相结合，既保留了传统韵味，又增添了现代趣味。每张明信片上均描绘了赣剧的代表性角色，人物身着典型戏服，姿态生动，充分展现赣剧的文化魅力。设计上，人物的表情和动作极具表现力，搭配鲜艳的色彩和清新的画风，赋予传统艺术新的活力。在设计中，除了人物形象的塑造外，设计师还将赣剧历史遗迹的视觉元素融入其中。明信片背景采用了赣剧古戏台常见的装饰纹样与结构轮廓意象，例如祥云、檐角剪影、戏台木构线条等，这些都是对江西古戏台建筑风貌的现代转译。赣剧的发展深深根植于地方庙会与祠堂戏台的历史语境中，这些空间既是赣剧演出的重要场所，也是地方民众文化生活的精神聚点。明信片设计借助这些历史符号，唤起观者对传统戏曲空间的文化记忆，也提升了整体的地域文化辨识度。每张明信片上还配有赣剧戏语书法题字，以书画结合的方式增强了文化传达效果，形成视觉与语言的双重共鸣。这种融合不仅体现了设计的文化深度，也让传统赣剧以更加生动、立体的方式与当代审美相结合。这款明信片的整体设计既富有文化内涵，又不失趣味性，是一款兼具实用性和艺术性的文创产品。它不仅是展示赣剧文化的载体，也是一份充满创意的礼物，能够为收件人带来一丝传统戏剧的艺术享受。同时，这款文创明信片也是文化交流的桥梁，能让更多人了解赣剧的独特魅力。通过这种现代化、可爱的呈现方式，赣剧的文化得到了传承与创新，使更多人，尤其是年轻人对这一传统艺术产生兴趣，并且感受到它在现代社会中的蓬勃生机。

如图 3-4-9 所示的红井加湿器，创作者将红井作为创作灵感，将红井元素提取融入加湿器中。红井是当年党和苏维埃政府关心群众生活，为人民群众办实事的历史见证；现在的红井也成了人们心生向往且仰慕的神圣之地，甘甜清澈的红井水养育了一代又一代的人们，一曲《红井水》传唱不衰，唱遍了大江南北：“红井水哟，甜又清……”利用红井加湿器让房间中的湿度升高，使人联想到红井中甘甜的水，仿佛置身于当时的年代。加湿器小巧便捷能够随身携带，其上半部分使用了透明玻璃材质，让使用者能够看清红井的内部结构和水源，仿佛站在红井边，回到当时乡亲们怀念红军到来的场景；顶部使用的收口设计让水雾缓缓冒出而不会使空气变得过于湿润，让使用者一直处于舒适的环境中。红井加湿器不仅宣扬了当地的红井遗址文化元素，也让使用者获得舒适和便利的生活。

图 3-4-7　赣剧文创摇头立牌设计
（图片来源：龚倬颖自制）

图 3-4-8　赣剧文创明信片设计
（图片来源：龚倬颖自制）

图 3-4-9　红井加湿器设计
（图片来源：周靖康自制）

拓展阅读

地方文化元素的数字化应用

地方文化元素的数字化应用逐渐成为提升文创产品吸引力的重要手段。通过数字技术，传统文化可以进行更广泛的传播与展示，如通过虚拟现实（VR）技术再现历史场景，或通过增强现实（AR）技术呈现传统工艺。这些技术不仅提升了文化展示的趣味性，也使游客能够更加深入地了解和体验当地文化。目前，数字化技术已经在部分旅游景区得到应用。游客通过手机或 AR 智能设备，即可实时获取景点的文化解读，并参与互动体验。

非物质文化遗产的保护与传承

非物质文化遗产是地方文化的重要组成部分，承载着民族的历史记忆和文化精神。如何通过文创产品保护与传承非物质文化遗产，已经成为当前文创产业发展的重要课题。通过创意设计和现代技术手段，传统技艺和民俗文化可以转化为适应现代消费需求的产品形态。例如，传统手工艺、民间舞蹈、民族音乐等非遗元素，通过与现代设计相融合，转化为具有市场价值的文创商品，既促进了非物质文化遗产的保护，又为地方文化注入了新活力。

本章小结

本章主要针对旅游所在地地域文化元素进行分类，首先将地域文化元素大致分为山水风貌类、人文景观类、地方民俗类和历史遗迹类四类，同时对这四类地域文化元素分别进行概念分析和文化介绍；其次从地域文化元素出发，分析旅游文创产品和地域文化元素的关联性，对特定分类中的典型产品进行阐述，从产品的造型、使用和特点对产品分别进行介绍，同时，从消费者的角度出发，反思旅游文创产品的人性化设计，加深地域文化元素和旅游文创产品的融合，通过消费者的需求和产品的安全性设计出更受用户喜爱的文创产品，使文创产品在市场中拥有更长久的生命力；最后在此基础上进行提取案例分析，通过元素的造型、色彩对元素进行提取并重组，设计出具有独特地域文化元素的文创产品，加强读者对旅游文创产品的进一步认知。

思考与练习

1. 单项选择题：地方文化元素的典型代表是（　　）。
   A. 历史遗址　　B. 风景名胜
   C. 海外文化　　D. 现代科技产品
2. 单项选择题：下列选项中属于人文景观类文化元素的是（　　）。
   A. 传统建筑　　B. 动植物
   C. 民间艺术　　D. 天然景点
3. 单项选择题：地方民俗类元素在文创产品设计中的应用可以（　　）。
   A. 丰富产品的文化内涵　　B. 降低产品成本
   C. 使产品更具科技感　　D. 增加产品生产难度
4. 判断题：地方文化元素在文创产品中的运用，有助于提升产品的地方特色和市场吸引力。（　　）
5. 判断题：自然景观元素只能用来装饰文创产品，不能成为设计的核心。（　　）

习题答案

综合实践

1. 经典作品分析

题目：分析“云南民族风情”系列文创产品，探讨其如何将云南的自然景观和民俗文化元素转化为文创产品。

要求及要点提示如下。

（1）分析“云南民族风情”系列文创产品如何提取地方的自然景观（如西双版纳的热带雨林、丽江的古城风貌）和民族文化（如少数民族的服饰、节庆活动等）进行设计。

（2）讨论其在文化传播和市场推广中的创新方法，例如如何将地方特色融入产品设计，提高产品的吸引力。

（3）分析这些文创产品在市场上的表现，如何与云南的旅游业和文化产业相结合。

2. 创作实践

题目：请设计一款结合地方特色文化与旅游纪念的文创产品，可以是旅游景区的纪念品、特色食品包装等。

要求及要点提示如下。

（1）设计要提取地方特色文化元素（如传统节日、民间艺术等）并进行现代化转化。

（2）结合旅游纪念品的市场需求，注重产品的纪念意义和实用性。

（3）可以考虑使用环保材料，并考虑如何在产品包装中突出文化特点。

第4章 地域文化元素在文创产品中的运用及设计实践

本章导读

本章探讨了如何将地域文化元素运用于文创产品的设计中，重点讲述了山水风貌、历史遗址等元素在文创产品设计中的设计原则。设计时要注重元素的现代转化与创新，同时保持其文化的独特性和表现力，确保文创产品既具有传统文化底蕴，又符合现代审美需求。

学习目标

1. 学会如何提取、整合地域文化元素并运用到文创产品设计中。

2. 理解地域文化元素在设计中的创新性转化，以及如何增强文创产品的文化内涵与市场竞争力。

3. 掌握文创产品设计中文化元素与消费者需求的平衡技巧。

通过将地域文化元素融入文创产品的设计实践，学生不仅能体会到文化创新的力量和价值，还能增强文化传承的责任感。结合思政教育，引导学生深刻理解传承与创新的辩证统一，既要坚守文化根基，又要顺应时代需求，从而推动中国特色社会主义文化在新时代的创新和发展。

■ 知识结构图

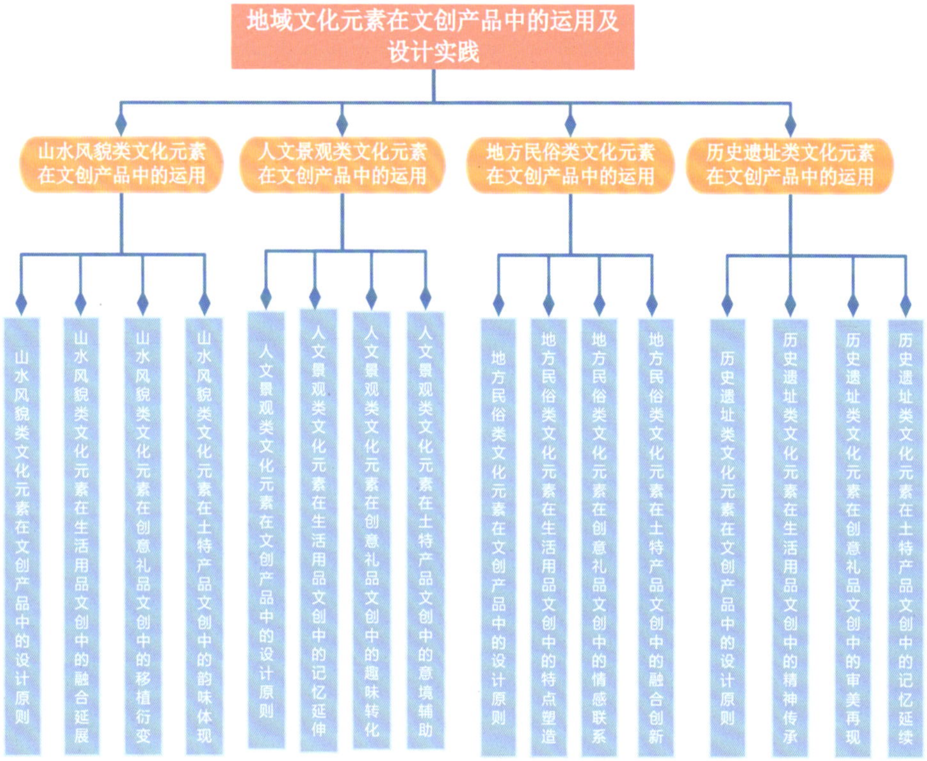

4.1 山水风貌类文化元素在文创产品中的运用

4.1.1 山水风貌类文化元素在文创产品中的设计原则

山水风貌类文化元素在文创产品中的运用

设计原则包括对比、布局、统一、平衡、节奏，是用来组织和运用基本元素传达意义的方法和原则。在山水风貌元素中无论是哪种山哪种水，都有着自己独特的魅力，在做元素提取时，将山水风貌元素赋予独特性和时代性，融入旅游文创产品设计中，不仅提升了生活情趣，也是为当地旅游文化进行无声的广告，宣传当地特色风光。将山水元素进行提取设计、简化，可改善传统的雷同设计、图案重复使用、缺乏新意的设计。山水风貌元素在我国历史悠久，在旅游文创产品设计中也运用较广，但大多没有进行简化，不能明确表达当地特色，不易识别表达的山水是哪里的；将山水风貌元素进行打散、分解然后重组，设计产生新的图案，设计出具有特色的旅游文创产品，可表达当地生活的真实场景，以此来打动消费者，通过情感的深入表达引发游客购买的欲望。

4.1.2　山水风貌类文化元素在生活用品文创中的融合延展

山水风貌类文化元素在抱枕设计中运用广泛，以山峦起伏、水波荡漾等自然意象为灵感，融合写意画风与现代美学，能够营造出清新雅致、富有诗意的生活氛围。将其摆放在家居空间中，既体现了东方文化意蕴，又提升了家居艺术格调。

如图 4-1-1 所示，盘锦山水画韵文创抱枕以盘锦市独特的自然山水景观为灵感，设计师将传统山水画的细腻笔触与现代艺术的表现形式相融合，旨在通过文创产品展现盘锦的自然风貌与文化底蕴。设计上，抱枕图案选取了山川、云雾、鹤鸟、流水等经典自然元素，并巧妙融入盘锦特有的桥梁与水系景观，生动呈现了盘锦的秀美山川与自然和谐的氛围。画面中，层峦叠嶂的山峰、蜿蜒流淌的溪水与翱翔的白鹤相映成趣，生动刻画出盘锦独有的自然之美并营造了宁静的意境。色彩运用上，设计师采用淡雅的金黄、碧蓝、翠绿等色调，呼应盘锦四季的更迭与清新自然的特质，营造出平和舒适的氛围。抱枕设计不仅融入了盘锦山水画的传统魅力，还通过现代插画的风格使其显得既简洁又富有现代感，适合搭配多种家居环境。这款抱枕兼具实用性与艺术性，能为家居空间增添自然与文化的双重气息。设计师希望通过这一作品，让更多人领略盘锦山水的独特魅力，同时为使用者带来日常生活中的自然疗愈与审美享受。它不仅是对盘锦山水的艺术再现，更是对自然之美的赞颂。

忙碌久了，往往向往安静舒适。座椅是一种日常生活家具；座椅有不同的类型，是生活中必不可少的一部分。

如图 4-1-2 所示，海元素座椅的整体设计分别提取了秦皇岛海边的三要素——阳光、沙滩、海水。蔚蓝的海水、灿烂的阳光、松软的海滩，给人一种清爽、舒适、安心享受的效果。去海边度假的游客对于阳光、海滩、海水的追求是必不可少的。秦皇岛是中国首批沿海开放城市——中国海滨城市，秦皇岛港是世界第一大能源输出港，正因为如此，秦皇岛便形成了季节性旅游旺季，每年夏季来秦皇岛度假的人数会明显增长。

图 4-1-1　盘锦山水画韵文创抱枕设计
（图片来源：余欣妍自制）

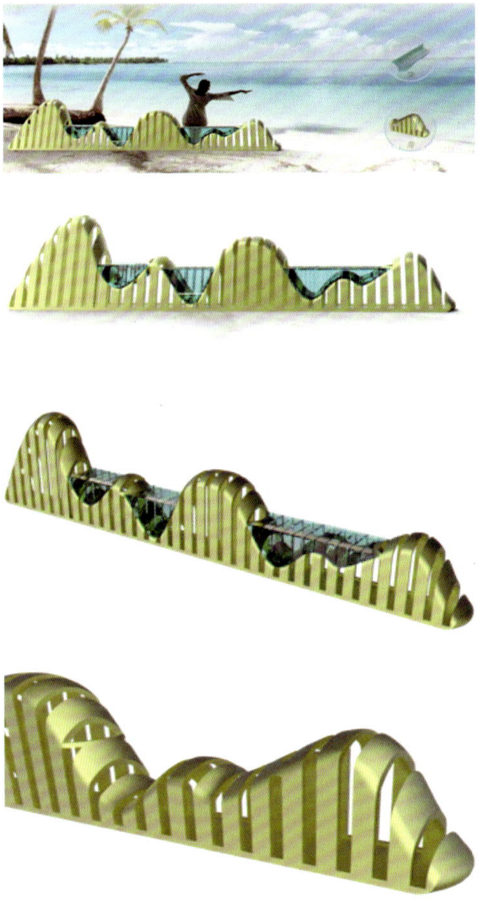

图 4-1-2　生活用品系列——海元素座椅设计
（图片来源：王丽茹、闫英豪自制）

在设计海元素座椅的过程中，选用半透明的玻璃材质来表现海水的清爽感觉，同时也能体现海的清澈。交叉采用金属表现金黄的沙滩，利用金属的反光体现阳光的伴随。颜色上冷暖搭配，整体采用切割缝隙的大小和颜色变化来区分海水和沙滩，使座椅达到一种通风、舒适的效果。

整个座椅设计简洁大方，没有多余装饰。因为秦皇岛也是多山的城市，因此，造型同时兼顾了山水。此款座椅可摆放在室外作为公共座椅，也可摆放在家里，既有实用性，又打破了传统座椅的造型。

道教阴阳学说认为世上万物皆有阴阳两面，如女为阴，男为阳；太阳为阳，月亮为阴。选取日、昼代表男性；选取月、夜代表女性。作品以道家思想为依托，结合鄱阳湖标志性元素描绘出鄱阳湖人与自然和谐共处的景象，采用正负形的表现手法，设计了三组手表，如图 4-1-3 所示。

第一组：鄱阳湖大桥是鄱阳湖上的第二座公路大桥，是目前国内高速公路跨内陆湖泊最长、跨径最大的斜拉桥。产品描绘鄱阳湖公路二桥的日常工作画面，记录它对于促进我国交通道路和江西景区通行的便捷性成就。该大桥具有地方高速和旅游高速公路的双重性质。

第二组：被誉为“白鹤世界”“珍禽王国”的鄱阳湖，现有已知鸟类310 种，是白鹤等珍稀水禽及森林鸟类的重要栖息地和越冬地。这一系列产品描绘出候鸟围绕鄱阳湖标志性建筑落星墩漫天飞舞的画面，体现鄱阳湖得天独厚的气候环境。

第三组：鄱阳湖进入枯水期后，湖中心将有一座冰川世纪的遗迹——鞋山岛将裸露出水面，大量的蓼子花铺满岛面，形成一大片花的“海洋”。这一系列产品描绘出蓼子花、草融汇出的一片植物海洋，体现了鄱阳湖的一片生机勃勃。

螺丝壳风景区位于都匀市区西部约 20 千米，为斗篷山的姊妹山，因山形酷似巨大的螺丝而得名。景区地跨 4 个乡，区内有大小溪流 31

图 4-1-3 生活用品系列设计——鄱阳湖手表设计
（图片来源：王丽茹、闫英豪自制）

条，汇集于邦水河、隔妹河、菜园河，最后流入马尾河。螺丝壳山之前是原始森林，水源丰富，森林生长茂密。

因为螺丝壳山上景色美观且舒适，所以创作者将山进行了简化设计，提取线条与山上日出和夜晚的场景相互融合，设计出空山鸟语的作品。作品名称源于螺丝壳山上人相对较少，因此称为“空山”；而“鸟语”是因为螺丝壳山上安静得仿佛能听到鸟儿们在说话，工作累时，周末可以约上三五好友去螺丝壳山放松心情。作品融合了日出时的太阳，仿佛太阳和山连接在一起，白云清澈、天空湛蓝；创作者提炼了鸟元素，与鸟元素连接的是茶杯的设计，因为螺丝壳山盛产毛尖茶，使用者可以用茶杯品茶；创作者还运用梯田元素做成了香薰，作品整体以木质为主。空山鸟语融合了黔南特色，可作为生活用品摆在家里的玄关处（图 4-1-4）。

整个作品给人一种安静舒适的氛围感，作为旅游文创产品可以很好地体现当地文化，宣传螺丝壳山景区的同时也在宣传毛尖茶，两者共同促进当地的经济发展。

4.1.3　山水风貌类文化元素在创意礼品文创中的移植演变

山水风貌类文化元素在台历礼品设计中被广泛运用，以山峦、江河、云雾等自然景观为表现载体，融合传统山水画的构图意境与现代审美理念，使台历不仅具备实用功能，更呈现出浓厚的东方文化气息。山水意象的融入不仅提升了台历的艺术价值，也使其成为承载自然之美与人文情怀的高雅礼品，适合日常使用的同时亦具收藏意义。

如图 4-1-5 所示，江西客家风景台历设计以客家地区独特的自然与人文景观为灵感，通过插画形式展现了客家地区典型的山水风光和传统建筑。这款江西客家风景台历以生动的色彩和精巧的插图，展现了客家地区的自然景观与传统建筑，将传统文化与现代设计语言巧妙融合，打造出兼具实用性与艺术性的日历产品。台历的每一页均配有不同的客家风景插画生动呈现了客家围屋、古庙、山水等特色景观，让使用者既能感受江西客家的自然风貌，又能领略其建筑风格与文化底蕴。台历采用现代风格设计，巧妙融入插画艺术元素，卡通人物与客家自然景观和谐相融。台历中每月图案根据季节变化展现不同的风景与民俗，搭配简洁的现代排版，营造出传统与创意兼具的视觉体验。整体设计既为日常生活增添温馨氛围，又能让人们在日常使用中了解并欣赏到江西客家的传统文化。此款台历不仅是一件实用的日常用品，还是一件富有收藏价值的文创艺术品，同时生动展现了江西客家文化的独特魅力。

如图 4-1-6 所示，三清道石——三清山文创挂画的设计灵感源自世界自然遗产三清山的独特景观与其道教文化底蕴。三清山以其奇特的山势、古老的道教文化和清新迷人的自然景观而闻名。此挂画系列通过艺术化的表现形式，展现三清山的迷人景致及其文化底蕴。挂画中的山川和建筑以水墨画的风格呈现，结合细腻的插画手法，描绘出三清山的道教文化氛围。画面上，

图 4-1-4　创意礼品系列——毛尖茶包装效果图设计
（图片来源：王丽茹自制）

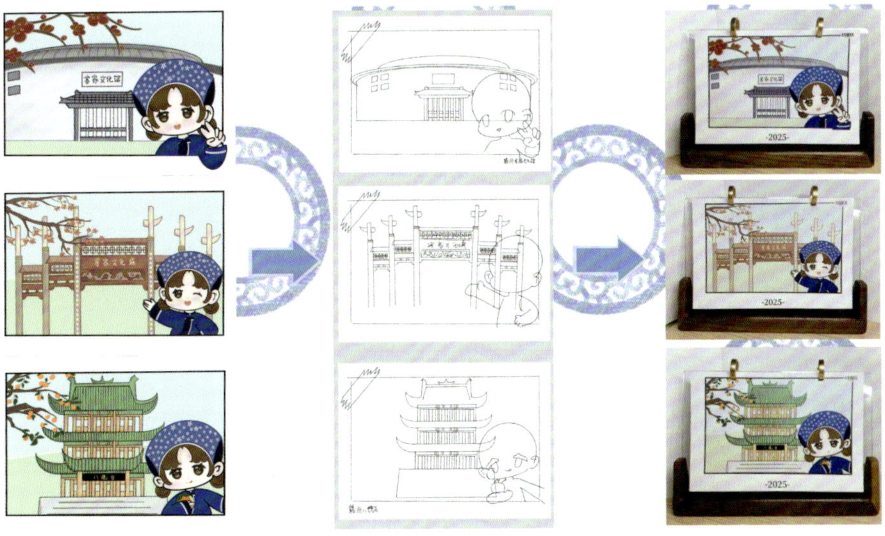

图 4-1-5　江西客家风景台历设计
（图片来源：杨可悝自制）

云雾缭绕的山峦、飞扬的鹤影和气势恢宏的建筑交织在一起，呈现出一种虚实相生的美感，既有山川的雄伟壮丽，又有道教文化的神秘深邃。创作者通过细腻的笔触和柔和的色彩搭配，营造出一种如梦如幻的意境。挂画的设计着重于三清山自然景观和道教文化的结合，突出了“道石”的元素，象征着道家追求的清净心态与超脱境界。整体设计风格简洁、优雅，色调和谐，符合三清山的文化气息，给人一种宁静致远的感受。此款文创挂画不仅具备了很高的艺术欣赏价值，也能作为家居装饰，为居住空间增添一份雅致与宁静。设计既融入了三清山独特的历史建筑特色，也反映出设计师对自然美景和道教文化的深刻理解与尊重。

如图 4-1-7 所示，乐平山水戏台油纸伞以当地山水为灵感，融合传统戏台元素，通过油纸伞这一载体，实现自然景观与文化艺术的完美结合。伞面描绘了乐平山水的壮丽景色：山峦层叠、云雾缭绕、江水蜿蜒与飞鸟翱翔，色彩明亮柔和，宛如一幅传统山水画。设计将古戏台建筑与山水景致巧妙融合，伞面中央以戏台为背景，点缀戏剧人物，生动营造了乐平地方戏曲的文化氛围。伞面的色彩运用大胆、鲜明，既传承了戏台传统文化，又展现了自然景色的清新与活力。山水的流动感与戏台的庄重气息相交融，形成了独具特色的视觉冲击力。油纸伞整体设计注重细节的雕刻与图案的表现，伞面呈现出的景致具有层次感与立体感，仿佛可以通过伞面步入乐平的山水之间，感受其文化与自然的交融。这款油纸伞不仅是一件实用的工艺品，还是一件富有艺术气息的装饰品，具有浓厚的地方文化特色，不仅可以展示收藏，更能成为游客与居民珍视的文化记忆载体。

图 4-1-6　三清道石——三清山文创挂画设计
（图片来源：陈健悦自制）

图 4-1-7　乐平山水戏台油纸伞设计
（图片来源：杨雨溶、魏志强自制）

黔南布依族苗族自治州地处贵州高原，地势南低北高，而斗篷山海拔高达 1961 米，是全州的最高点。斗篷山由螺丝壳景区、凤啭河景区、剑江景区、都柳江景区及斗篷山景区五部分构成。草原、飞瀑、河流、岩溶、峡谷、高山、多样的物种群及民族风情相互交融，特色不一，共同组成了以斗篷山为主、以剑江河为辅的贵州都匀斗篷山——剑江风景名胜区个性突出的风景资源。都匀毛尖茶是中国十大名茶之一，黔南当地政府围绕“以茶兴业、以茶惠民、以茶养文”目标，出台了一系列促进茶产业发展政策，因此，创作者设计了毛尖茶包装（图 4-1-8）。

毛尖茶包装提取了黔南斗篷山的地势地貌元素，并进行简化设计，将其设计为包装的外形与毛尖茶相互融合，包装底部采用的是毛尖茶生长时的场景；同时，设计了外盒包装使其方便携带，材质方面采用纸质材质，符合现代环保的需求。

毛尖茶包装本身就代表了斗篷山，毛尖茶也具有饮用价值，游客购买之后可以带回家和家人、朋友一起享用并回忆此次旅行的趣事及所见所闻。这不仅是对斗篷山及毛尖茶的无声宣传，同时也促进了当地的经济发展。

螺丝壳景区的美景，是旅游文创产品设计的重要依据，还是旅游文创产品设计所要表达的当地的文化符号。将螺丝壳景区与旅游文创产品设计充分结合在一起，使旅游文创产品成为媒介，来展现当地的文化。旅游文创产品与当地文化融合还可以提高旅游文创产品的内涵和品质，进一步吸引消费者，促进旅游行业的发展。旅游文创产品设计对旅游地的宣传和推广起着重要作用，要想引起消费者的购买欲望，旅游文创产品就必须将市场和设计结合起来，并根据旅游文创产品的基本要素和要求对旅游文创产品进行设计。在设计过程中，旅游文创产品设计师应研究多种材料，结合当地的文化内涵和地域特色，精准地进行设计。旅游文创产品的本质就是要突出地方的特色，这也是旅游文创产品宣传和推广的优势。因此，地域文化在旅游文创产品设计中具有重要的作用，并且旅游文创产品中的地域元素也对旅游行业的发展起着促进作用。

图 4-1-8　创意礼品系列——毛尖茶包装效果图设计
（图片来源：王丽茹自制）

4.1.4 山水风貌类文化元素在土特产品文创中的韵味体现

牙舟陶属于贵州特产，距今已经有600多年的历史，产品多为动物玩具、生活用品及陈设品。牙舟陶的造型自然古朴，线条简洁明快，色调淡雅和谐。大多作品都能体现出当地的民族特色，光润晶莹。在设计上多选择蜡染、刺绣等图案，以浮雕的方式展现，富于装饰性，多为纯手工制作。

如图4-1-9所示的牙舟陶包装设计，考虑到牙舟陶造型古朴，又属于易碎品，所以，在材质上选用了传统的粗麻布，易于存放牙舟陶，也能更好地体现牙舟陶的悠久历史，和牙舟陶纯手工传统艺人的坚持。整个包装的造型元素提取自贵州的山，因为贵州是一个多山的地区，所以在整个包装的包口处选择做了三个山的造型。用麻绳封口也是为了更好地体现牙舟陶的古朴。底部为圆形，便于牙舟陶的存放。

整个包装图可分为三个部分，第一是用牙舟陶的陶土制作的牙舟陶卡片；第二是“平塘”两个字突出主题，红色印章点睛；第三是贵州的梯田图案。贵州梯田众多，随处可见的梯田景观令人惊叹，也更好地体现了牙舟陶的本土性。梯田用刺绣的方式，纯手工绣在包装上。刺绣也是贵州女性必不可少的一项技能。整个包装设计提取了贵州的山、梯田，同时也展现了老手工艺人的古朴，整个包装设计轻便又实用。

如图4-1-10所示，江西土特产品系列——文创餐盘设计以江西省独具特色的土特产品为创作灵感，巧妙融合了九江茶饼、上饶烤鸡腿等元素，赋予传统餐盘新的艺术生命。设计师在设计中不仅展示了江西的地域特色，还通过现代艺术风格提升了其文化价值和美学观感。以九江茶饼为背景元素设计的餐盘运用细腻的线条和温暖的色彩，生动呈现其质感与韵味，彰显其作为江西代表性美食的历史文化内涵。以上饶烤鸡腿为元素设计的餐盘将之进行趣味化图案设计，通过生动、趣味化的方式展现了这一土特产品的美味与传统，创造出既富有地方特色又具有亲和力的视觉效果。

餐盘采用轻松活泼的卡通风格设计，在保留江西土特产经典形象的同时，赋予其现代感，使整体更具当代家居装饰艺术的魅力。在色调上，运用富有代表性的温暖色彩，传递出江西土特产品的亲切感与美好情怀。餐盘整体设计简洁而富有表现力，使餐盘不仅是一件实用器皿，更成为传递江西土特产品文化与美学的载体，让消费者在享用美食的同时，也能感受到浓郁的地域文化魅力。

如图4-1-11所示的包装设计以三清山文化为核心，提取其自然景观与道教文化元素进行艺术重构。三清山以“奇峰怪石、古树名花、流泉飞瀑、云海雾涛”四绝闻名，具有极高的审美与文化价值。在设计中，采用扁平化手法，通过前后层次与高低错落的布局，将如“巨蟒出山”“观音赏曲”“猴王观玉”等代表性景观进行简化与重构，最终形成包装的图案。

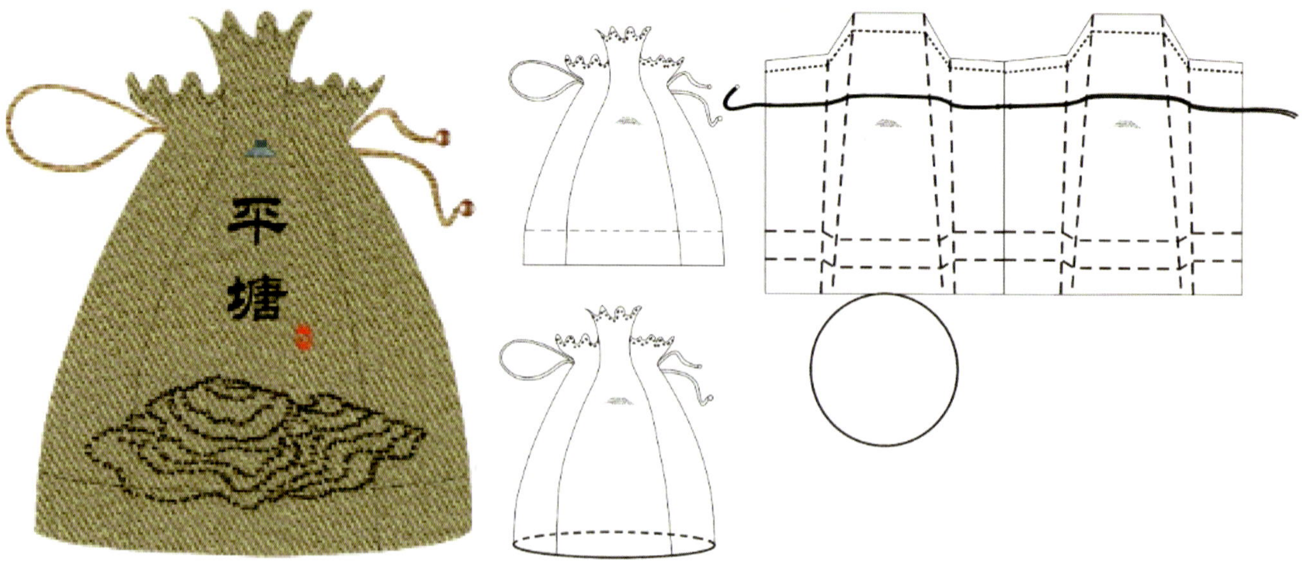

图4-1-9 土特产品系列——牙舟陶包装设计
（图片来源：王丽茹、闫英豪自制）

图 4-1-10　江西土特产品系列——文创餐盘设计
（图片来源：朱新颜自制）

图 4-1-11　土特产品系列——三清山文化创意包装设计
（图片来源：陈健悦自制）

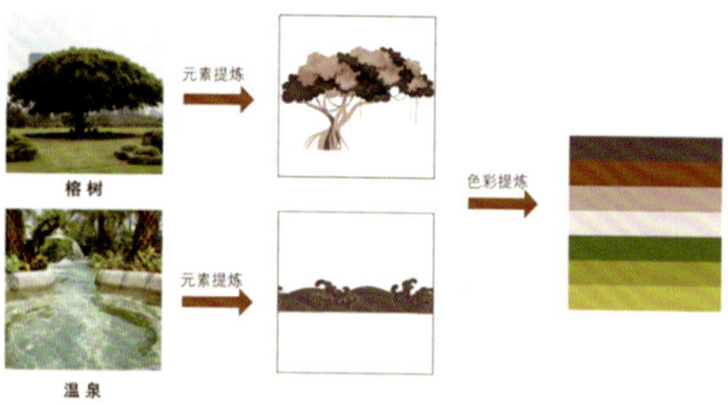

图 4-1-12 “框庐端叶”系列日历设计
（图片来源：张昊鹏自制）

整体包装将三清山自然景观以圆形漏窗的形式展现，营造出画中画的层次感。在材质选择上采用了纸质材料，相对塑料材质更加环保、便于携带、轻质实用。

庐山素有“匡庐奇秀甲天下”之美誉，地处江西省北部，山体高峻挺拔，云雾缭绕，瀑布飞流，是中国山水文化的重要象征之一。庐山景观不仅是中国传统山水画的灵感源泉，更承载着丰富的文化意象和人文精神。如图 4-1-12 所示的“框庐端叶”系列日历设计，以庐山山水风貌为核心视觉元素，结合地域文创设计思路，将自然山形、流云、飞鸟等景观元素以极简风格进行提炼，再以矢量线描方式表现，使整套产品在造型上呈现出“疏而不空、简而有意”的审美张力。设计主图 LOGO 融入庐山标志性山体轮廓，辅以飘逸云线与飞鸟意象，既呼应庐山“云中山城”的地理特质，也体现了地域文化中“山水相依、天人合一”的哲学意境。

此外，色彩上选用低饱和墨绿与浅乳白，二者搭配形成沉静典雅的视觉氛围，与庐山的文化底蕴相契合，也符合现代生活中日历类产品的使用场景和审美需求。整体设计既保留了庐山文化的原真性，又通过扁平化手法进行了当代表达，是传统山水风貌与当代设计语言之间的一次成功融合。日历作为土特产文创载体，不仅具有实用价值，也有收藏价值。在传承庐山文化精神的过程中，设计体现了“匠心守望文化根脉、创意激活山水精神”的地域文化创新路径。

4.2 人文景观类文化元素在文创产品中的运用

4.2.1 人文景观类文化元素在文创产品中的设计原则

人文景观类文化元素在文创产品中的运用

人文景观又称文化景观，是指自然与人类创造力的共同结晶，反映区域独特的文化内涵，主要体现的形式为聚落，还包含建筑、服饰、音乐等，总之，人文景观形式多样、种类繁多。在文创产品设计中提取人文景观的形态特点加以运用，能够使当地的文化得以发展和延续。可运用传统的人文景观元素进行再设计，如提取部分景观构成元素，再进行重新排列组合设计，以此呈现新的视觉效果。对人文景观进行提炼时，需要由复杂到简单再改变形态进行处理；对元素的形态做一些主观调整，始终围绕本源进行设计，不需要追求写实打造一个完全真实的形式，要追求神似之感。取其精华的手法将人文景观原型再塑，进一步根据原来的形态进行图案化、简洁化设计，增加其视觉冲击力。色彩提取运用时要在多种色彩的共存下转化，以此来增加视觉冲击力，体现色彩的美感，达到和谐统一的效果。

人文景观在提炼过程中将多种元素进行融合设计，呈现出独特的视觉效果。人文景观与旅游文创产品相互交融，将传统与现代设计相结合，以此传递当地的文化，增强旅游文创产品的视觉冲击力，提高旅游文创产品的市场竞争力，同时，也是在呼唤游客对人文景观的保护。

4.2.2 人文景观类文化元素在生活用品文创中的记忆延伸

如图 4-2-1 所示，乐平古戏台——国风灯笼式台灯提取了乐平古戏台的建筑元素进行创意设计。乐平古戏台是江西省乐平市的历史文化地标，具有悠久的历史和丰富的人文内涵。设计师从乐平古戏台的建筑细节中汲取灵感，通过艺术提炼展现其独特风

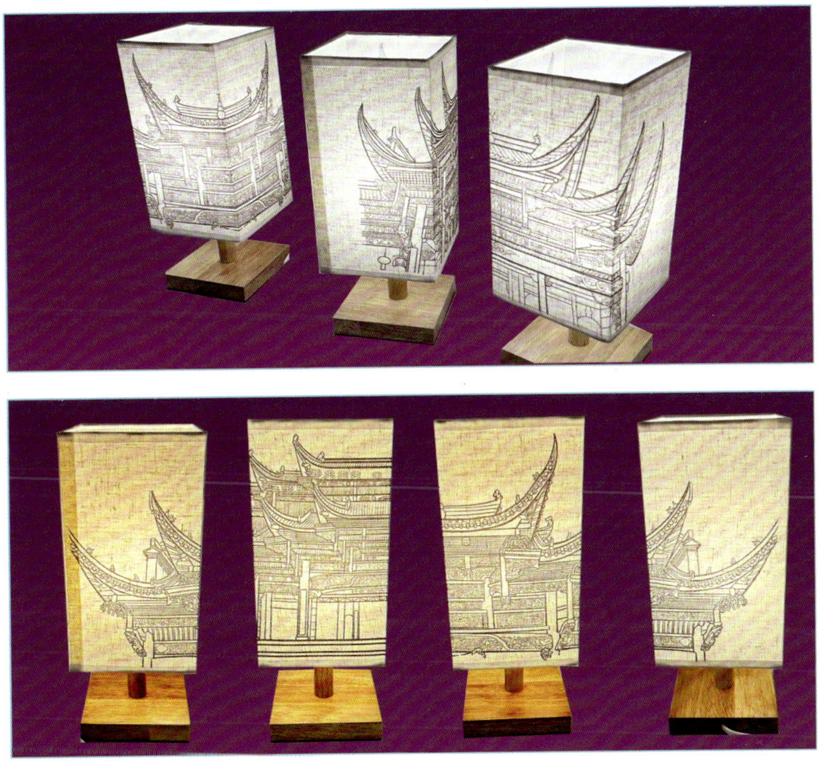

图 4-2-1　乐平古戏台——国风灯笼式台灯设计
（图片来源：赵萌自制）

貌。这款台灯以古戏台为主要设计元素，运用简洁的线条勾勒出戏台的轮廓与细节，在灯罩表面形成精美的艺术图案。当灯光亮起时，光线透过这些线条投射出柔和而古典的光影，营造出独特的戏剧氛围。台灯采用木质底座搭配布质灯罩，简洁现代的结构中融入了传统元素，完美诠释了古典与现代的融合。

在设计过程中，灯罩上的线条不仅呈现了古戏台的建筑形态，还融入了中国传统风格的元素，如飞檐翘角、红墙绿瓦等，突出乐平古戏台的文化特色。同时，台灯开启时，灯光透过灯罩投射出一幅幅美丽的建筑景象，让人仿佛置身乐平古戏台的古老街巷，感受到传统戏剧文化的魅力。台灯使用暖色光源，光线温暖柔和，给居室带来一份宁静与舒适的氛围。无论是放置在客厅、书房还是卧室，它都能够成为一件独具艺术气息的家居装饰品。通过这款作品，设计师巧妙地将乐平古戏台的历史文化与现代美学相融合，让古老建筑在光影中焕发新的生命力和时代感。

如图 4-2-2 所示，这款古戏台龙鳞裱卷轴画的设计灵感源自乐平古戏台的历史文化与建筑特色，并融合了传统“龙鳞裱”装裱艺术。龙鳞裱是一种独特的传统裱画技法，以层次分明、立体感强的特点著称，能够凸显画作的精致与艺术深度，在中国传统文化中常用于装裱重要的艺术作品。该卷轴画巧妙运用了龙鳞裱技法，使画面呈现出错落有致、层次分明的艺术效果。

在设计上，这款卷轴画通过龙鳞裱的装裱形式，生动展现了乐平古戏台的建筑结构与历史风貌。作为乐平地区的文化象征，古戏台承载着丰富的戏剧传统与历史记忆。画作以古戏台为核心，精细刻画了飞檐、屋脊、雕花等建筑细节，突出其古朴而又庄重的美学。

龙鳞裱的运用使画作边缘呈现渐次内收的视觉效果，宛如将观者引入一场时空穿越。每一层裱料均以精湛的工艺精心制作，使画面层次感十足，既凸显建筑的雄伟，也将古戏台的文化氛围融入其中。材质上，选用上乘的宣纸和古风金色纹饰，结合现代与传统的艺术手法，展现了乐平古戏台的历史文化底蕴。

卷轴画整体设计简洁大方、韵味悠长，既保留了传统卷轴装裱的古典之美，又赋予作品现代的艺术气息。这款卷轴画不仅是家居装饰的优雅选择，还是一件具有文化传承作用和艺术价值的作品，生动展现了乐平古戏台的历史底蕴与人文魅力。

如图 4-2-3 所示，乐平赣剧文创立盘将乐平古戏台的历史文化和赣剧艺术元素巧妙结合，设计出一款富有地方特色的生活用品。盘面以乐平古戏台为背景，巧妙融合了戏台的建筑风格与赣剧人物，传达出浓厚的文化气息和艺术魅力。乐平作为赣剧的发源地之一，其古戏台独特的建筑风格和悠久的戏剧传统为设计提供了丰富的灵感。盘面上的赣剧人物服饰、发型及表情均经过精心刻画，生动展现了赣剧的舞台神韵与喜庆氛围。色彩运用上，设计师采用了赣剧舞台常见的鲜艳色调，给人以视觉上的冲击力，又不失古典韵味，传递出乐平古戏台的历史厚重感。此外，盘子的边缘和底部还融入了乐平古戏台的建筑细节，如飞檐、屋脊等元素，使整体设计更具立体感和层次感。这些细节与赣剧人物和乐平古戏台相结合，展现了当地人文景观的独特魅力。这款立盘不仅具有艺术收藏价值，还能为现代家居空间增添文化气

图 4-2-2　古戏台龙鳞裱卷轴画设计
（图片来源：刘昕懿自制）

图 4-2-3　乐平赣剧文创立盘设计
（图片来源：李鸿祥自制）

息。其工艺精致、色彩搭配和谐，既可作为日常生活用品，也能作为展示文化的艺术品，给使用者带来美的视觉享受与文化上的深刻感悟。

苗族人民大多居住在山区，山高坡陡，开挖地基极不容易，加上天气多变、潮湿多雾，因此需要居住在通风良好且干燥的地方。所以，苗族人民大多居住在木质吊脚楼上。吊脚楼在 7000 多年前就已经成形，在贵州黔东南苗族侗族自治州吊脚楼多为干栏式。在长江下游已经找不到干栏式吊脚楼的踪迹，在贵州黔东南苗族侗族自治州却代代相传，甚至成为当地的一大景观。

在吊脚楼的旅游文创产品设计中运用演变简化的吊脚楼元素，首先需要进行合理的提取和创新设计，在了解吊脚楼自身的文化之后，再将重心落到如何运用、如何设计等问题上。设计师将吊脚楼巧妙地与旅游文创产品相结合，根据旅游文创产品的特点对吊脚楼的内涵进行合理的衍生和补充，做到吊脚楼与旅游文创产品相互融合，带给消费者真正具有苗族特色的新的旅游文创产品设计。

如图 4-2-4 所示，角脚跳棋融入了苗族特色的吊脚楼元素，主要保留了吊脚楼的楼顶、翘起的楼角，还原苗族吊脚楼的真实构造。颜色采用单色，每方棋子一种颜色，棋子颜色从苗族人民生活的场景中提取。跳棋采用木质材质并与吊脚楼的材质相互吻合。吊脚楼是苗族人民生活中必不可少的建筑，也是苗族生活居住的代表，创作者采用单色代替吊脚楼的繁缛，将其进行简化设计、合理重组，使角脚跳棋具有苗族吊脚楼特有的特色。角脚跳棋简单而又具有代表性，是作为苗族吊脚楼旅游文创产品的不二之选。

4.2.3 人文景观类文化元素在创意礼品文创中的趣味转化

平塘卡蒲的虎头帽曾经获得吉尼斯纪录，是由卡蒲毛南族妇女共同制作完成的，此款虎头帽的摆件设计提取了虎头帽的虎头部分，将虎头帽的五官进行简化设计，使得整个摆件看起来更可爱圆润。甲茶村秀丽轻盈，岩石凹凸不平，因此形成多处高高低低向下流淌的河流，像是长绢、丝绸一般。甲茶村瀑布旁边的树木和翠竹十分茂盛，景色迷人。碧云潭是甲茶村脚下的第一个深潭，形状呈现为半月形，潭水碧绿，看起来就像是一块玉，边上有石头裸露点缀，和树木相互映衬，衬托潭水，层次分明。因此，甲茶村的摆件提取了树木、瀑布和石头为主要元素进行设计，石头起点缀作用，整个摆件造型设计成圆方形，没有棱角，圆润可爱。平塘天眼是目前世界上最大的单口径望远镜，也是一口巨大的“锅”，天眼旁边就是天眼小镇，当你走进这座小镇，会发现随处都可以见到有关天文的元素，从路灯到建筑，无不显示出一种科技感。天眼摆件主要提取了大锅、发射器和星空。整个造型选用了椭圆形，色彩上提取了星空的梦幻蓝和天眼科技相呼应。

摆件也相应设计了内包装和外包装，因为每个摆件都有对应的支架设计，每个支架设计不尽相同。虎头帽支架采用了老虎的脚，甲茶村支架选用了石头，而天眼的支架则是行星的轨道。摆件和支架可以拆分，因此内包装包含了摆件和支架两个部分，避免两部分相互碰撞导致破损。外包装是手提袋，手提袋上悬挂对应的摆件卡片，每个摆件的外包装颜色也不相同。平塘卡蒲作为毛南族聚居地，具有独特的文化价值，因此在设计中特别选取了具有代表性的毛南族纹样进行装饰（图 4-2-5）。

图 4-2-4　角脚跳棋——吊脚楼系列效果图设计
（图片来源：王丽茹自制）

图 4-2-5　创意礼品系列——平塘创意摆件设计
（图片来源：王丽茹、闫英豪自制）

如图 4-2-6 所示，这款创意邮票设计将盘锦的非遗文化与丰富的地方特色元素完美融合，打造出一款富有文化韵味的创意礼品。通过这款邮票，人们不仅能够欣赏到盘锦丰富的自然风光和人文历史，还能感受到这座城市的独特魅力。该设计作品将盘锦的特色景点与传统文化巧妙地融入其中。首先，非遗文化皮影戏作为设计的核心，生动展现了传统艺术的魅力，传递出深厚的历史底蕴。其次，文魁巷、百年老街等特色建筑，以及辽河碑林公园、辽河美术馆等文化场所的景致，共同营造出浓厚的城市文化氛围。在自然景观上，红海滩的壮美与丹顶鹤、斑海豹等珍稀动植物的形象，既突出了地方特色，又彰显了独特的生态景观。其中，象征吉祥的丹顶鹤更赋予作品优雅神秘的气质。最后，设计还巧妙融入盘锦特色美食元素，传递出这座城市的美食文化和待客之道。通过创意邮票这一小巧的形式，设计师将盘锦的美景、文化与美食融为一体，让人们能够更加深入了解这座城市，激发人们对盘锦文化的兴趣。这款邮票设计不仅具有艺术收藏价值，还是一份充满创意和趣味的礼品，既适合作为个人收藏，也适合赠送亲友。

如图 4-2-7 所示，“泸潇里”赣中文化环保袋的设计旨在传递赣中福地安福与泰和的文化特色。通过融合当地独特的食材与景观元素，设计者巧妙地将这些文化符号转化为兼具趣味性和吸引力的创意礼品，展现了地域文化的魅力。这款环保袋采用卡通插画风格，以安福火腿和泰和乌鸡这两种地方特产为主题，赋予其鲜明的文化特色。同时，设计巧妙融入武功山、东山文塔、吉安大夫第等标志性景点元素，营造出充满年轻气息的视觉效果。在设计中，火腿与乌鸡以卡通形象呈现，既传达了赣中地区独特的美食文化，又以现代化的表达方式赋予传统食材新鲜感，成功吸引了年轻群体的关注。每一幅插画都充满活力和创意，让看似普通的食材在承载文化内涵的同时，也具备了趣味性与亲和力。同时，设计巧妙融合了安福与泰和两地的文化符号与地域特色，展现了丰富的地方景观，色彩搭配活泼且富有层次感。画面整体风格明快而现代，打破了传统文创产品的严肃感，使这款环保袋既具备文化价值，又能迎合群体市场的审美需求。这款环保袋不仅弘扬了赣中福地的文化精髓，还为消费者带来轻松愉悦的使用体验，成为一款兼具实用性与文化内涵的创意礼品。

图 4-2-6　创意邮票——丹鹤聚锦梦，盘锦绘新章设计
（图片来源：刘梓薇自制）

图 4-2-7　“泸潇里”赣中文化环保袋创意设计
（图片来源：朱仁杰自制）

提起天坛，人们都知道它是首都北京的重要景点之一，通过实地勘察、网络资料搜集、对比，选定祈年殿为天坛公园代表，以此开展旅游文创产品的构思设计。旅游纪念品不仅要具有区域代表性、美观性，还要具有一定的实用价值，可以进一步激发消费者的购买欲望。当前，茶文化的市场非常广阔，故确定以茶文化为方向开展构思设计。采用点、线描绘，突出面的表现方式进行视觉衬托，引导消费者脑补祈年殿的画面；视觉方面，简单的操作同时也能增加旅游文创产品的趣味性。材质使用陶瓷和木头相结合开展设计，造型简单、相对重要的表现部位采用陶瓷材质表现，造型复杂、起衬托作用的表现部位采用木头材质。木头材质容易切割和雕刻，同时可以很好地保护陶瓷。陶瓷和木头相结合体现出一种古典美（图 4-2-8）。

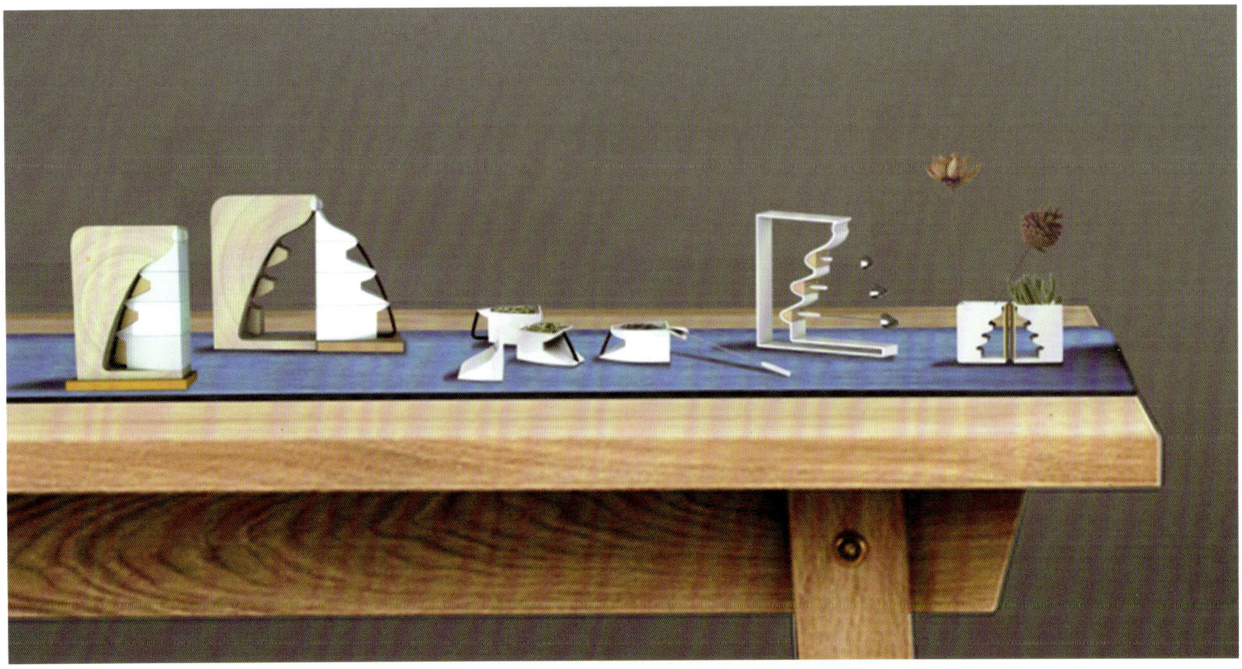

图 4-2-8　天坛茶系列——天坛系列效果图设计
（图片来源：王丽茹自制）

整套设计以白色为主，主要提取天坛中的祈年殿做成一系列茶匙和放茶叶的容器。整套作品天坛元素明显，不仅体现了文创产品的艺术美和文化美，还能减少有限资源的浪费与污染，更加低碳、环保。

4.2.4　人文景观类文化元素在土特产品文创中的意境辅助

如图 4-2-9 所示，“薪火相传 • 红色新余”文创设计系列产品以新余市红色文化景点为灵感来源。该系列通过对罗坊会议纪念馆、赣西抗战博物馆等重要历史遗迹的文化元素进行现代化演绎，实现了地方特色与红色文化传承的有机融合，既保留了传统文化的深厚底蕴，又符合现代审美需求，为游客和当地居民提供了一系列富有创意的文化产品。在设计中，设计师以这些具有历史意义的建筑为核心元素，在保持建筑原貌特征的基础上，运用图形化、简洁化的艺术手法进行再创作。通过结合现代流行艺术风格，形成一种既具有教育意义又充满视觉冲击力的文化产品。具体的产品类型包括纪念徽章、文化明信片、纪念章、钥匙扣等，每款产品均围绕红色景点的代表性建筑进行设计。以“薪火相传”为主题贯穿始终，象征着红色文化精神的传承与延续。色彩运用方面，采用鲜艳而富有纪实性的配色方案，象征着革命火种的传递和新余的光辉历史。这款文创产品不仅能使更多人了解新余的红色文化遗产，还能激发人们的民族自豪感，推动地方文化的传播与创新。作为现代化的文化传播媒介，文创产品在传承地方历史的同时，还能满足现代消费者对个性化和文化内涵的追求，具有深远的文化价值和市场潜力。

如图 4-2-10 所示，本系列纸袋设计以浮梁茶文化为主题，通过融合茶叶制作工艺、茶文化场景及当地人文景观元素，既展现了传统文化底蕴，又赋予其现代生活气息。在设计中，设计师巧妙地运用了茶叶的自然形态和茶文化元素，如从茶叶的生长过程到茶具的造型，从葱郁的茶园景观到古朴的茶室氛围，都以柔和的绿色调统一呈现，营造出清新典雅的视觉感受。插画中的人物形象采用传统水墨风格与现代卡通形式相结合的方式，既保留了中国传统茶文化的韵味，又融入了现代审美，使整个设计既具有文化传承感，也兼具年轻化与时尚感的特征。其中，纸袋设计中的茶叶插画通过精致的线条与色彩渲染，生动展现了茶叶从生长到采摘的过程，巧妙呼应了浮梁茶叶的品质与特色。设计还着重刻画了人物形象，茶艺表演的优雅动作传递出茶文化的仪式感，进一步强化了浮梁茶文化的内涵。整体构图简洁大方，色彩搭配清新自然，既具有视觉冲击力，又能带给人们宁静和优雅的感受，给消费者带来一种亲切、舒适的购物体验。本设计不仅推广了浮梁茶文化，还通过文创形式让更多人感受到浮梁独特的自然景观与人文历史，从而进一步传播和弘扬其茶文化和传统技艺。

如图 4-2-11 所示，本系列首饰的设计灵感源自乐平古戏台独特的文化与艺术特色，通过融入传统戏台元素，展现了深厚的文化底蕴与精致的工艺。设计从古戏台建筑中提取雕花、飞禽及器具纹样，结合现代首饰工艺，打破传统界限，打造出充满文化气息的华美首饰。首饰包含吊坠项链与耳环两款设计。吊坠造型借鉴古戏台屋檐的飞鸟图案，融合植物元素，生动传达出传统文化中的喜庆与繁荣寓意。项链与耳环采用金属与珍珠的搭配，二者相辅相成，营造出华丽与精致的视觉效果。首饰的形态借鉴了古戏台的层次感与流动线条，通过金色与珍珠白色的搭配，既体现了传统文化的庄重，又增添了现代感的时尚元素。每件首饰的设计都蕴含着轻盈的动态美感，流畅的线条仿佛随着佩戴者的动作轻盈摇曳，传递出吉祥喜庆的传统文化意蕴。通过这种独特的设计，首饰不仅是佩戴者的装饰，更是文化传递的载体，承载着乐平深厚的人文历史与独特的地方魅力。

“榕城双塔”为福州标志性建筑之一。双塔，即于山的白塔（原名为定光塔）和乌石山的乌塔（原名为坚牢塔），白塔在东，乌塔在西，黑白对峙，两塔遥遥相对、相互守望，完美展现出百年前的福州古城。如图 4-2-12 所示，橄榄包装的图案提炼了白塔和乌塔两个元素，在保留二者基本特征的条件下进行元素的提取，融合现代扁平化插画的表现方式对图案进行移植、重组、再设计，以此将传统元素与现代审美及橄榄三者相结合，体现出传统文化与现代文化的视觉和情感碰撞。

同时，榕城双塔元素在“福泽”橄榄的包装中使用，意在借榕城双塔相互守望的寓意表达福州城对橄榄的养育，以及这千年名果为福州城承载着千年的文化历史，二者相辅相成的深刻含义。

在包装设计中，色彩最先吸引消费者的注意力，在旅游文创产品的包装设计中，创作者对福州和橄榄的色彩进行梳理、提取、筛选和升华，从多个角度选择合适的色彩，以此来吸引消费者的注意力。把握好文化、设计、人三者之间的联系，成功地将地域文化转换为销售市场的卖点，文创产品才能从地方走向世界。

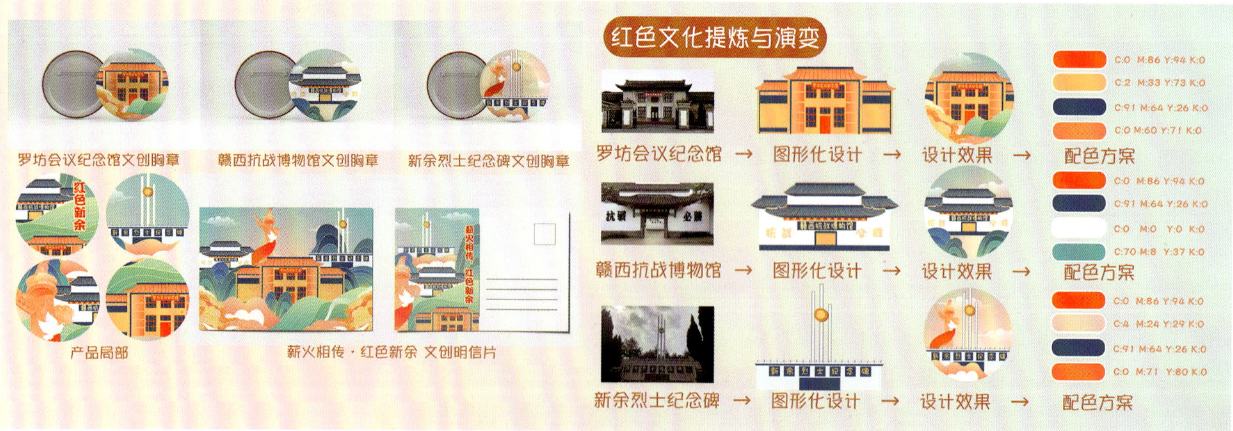

图 4-2-9 “薪火相传 · 红色新余”文创设计系列
（图片来源：李鸿祥自制）

图 4-2-10　土特产品系列——浮梁茶叶文化文创纸袋设计
（图片来源：李蒙蒙自制）

图 4-2-11　乐平古戏台“喜上眉梢”系列首饰设计
（图片来源：张格格自制）

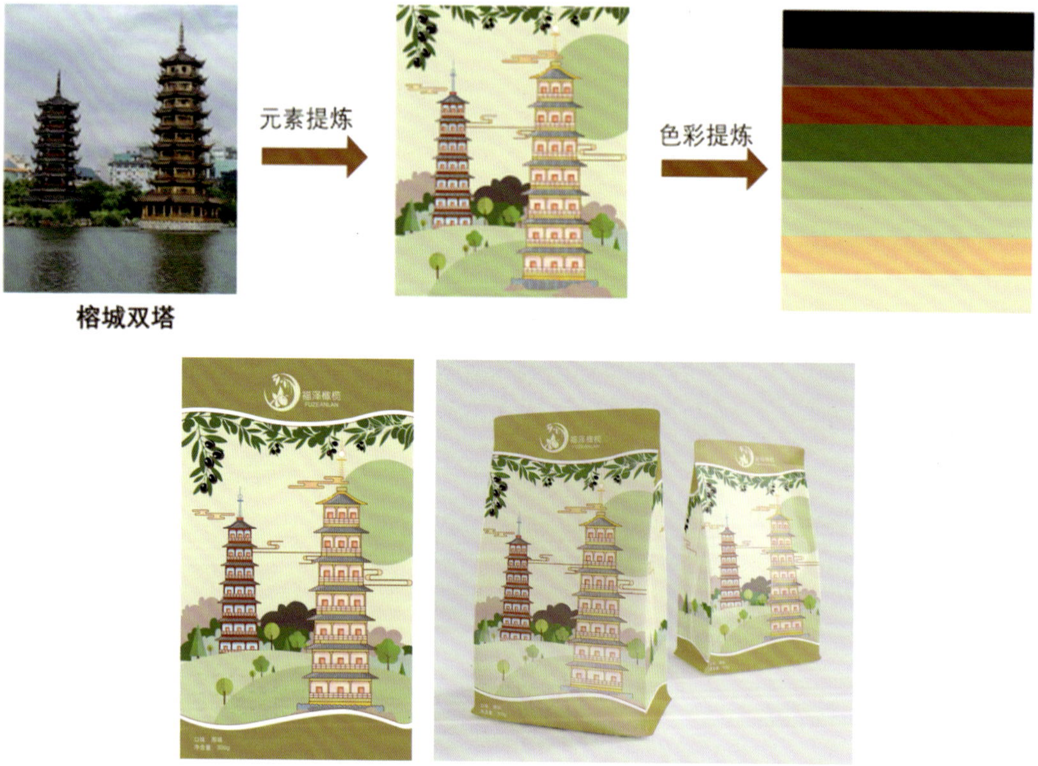

图 4-2-12　包装系列——橄榄包装效果图设计
（图片来源：郑翠萍自制）

4.3 地方民俗类文化元素在文创产品中的运用

地方民俗类文化元素在文创产品中的运用

地方民俗类文化是指各民族在各自地域的文化历程和生活习俗的传承中形成并植根于社会生活的实体性意象，是漫长历史进程中得以流传下来的文化瑰宝。地方民俗文化是民族的基础文化，与各民族的日常生活息息相关，它代表着国家、民族和区域内居民的共同积累、开创和传承的生活文化。另外，民俗文化囊括了物质层面、社会层面和精神层面。本节所提到的地方民俗类文化元素是指能满足其精神层面需求的物品，如民族服饰、图案纹样等。

将地方民俗类文化元素运用于旅游文创产品设计中，是通过对从传统民俗活动抽象化的意识形态中提取出的设计形式要素进行提取与简化，再以现代化视角将其进一步重组与构建，从而设计出兼具民俗文化价值、创新设计理念及旅游体验感的文创产品，由此来完成游客、产品、文化及不同时空背景下的“交互式与引导式意义表达”。创作主题为“地方民俗类文化元素的旅游文创产品所蕴含的物质属性被赋予文化意义，与此同时，通过对民俗文化元素符号的深度解读与拓展，使文创产品设计具有丰富的情感语义，令消费者产生强烈的情感共鸣，并使消费者对产品所表达的意义心领神会，产生联想”。因此，民俗文化自身不仅实现了传承与发展，其千百年积淀的精髓也在散发着璀璨光芒，凸显出巨大的经济潜质。

4.3.1　地方民俗类文化元素在文创产品中的设计原则

地方民俗类文化元素在文创产品中要把握差异化设计原则。要让自己的作品具备差异化特征就必须从多个角度展开分析、加强判断、进行深入思考。运用目标市场定位策略对客观存在的不同消费者群体，根据不同产品的层次和消费者的特点，采取不同的针对性策略设计创新方式。依据不同市场需求的多样性和购买者行为的差异性将整体市场进行区分，划分出若干个包含某种同类特征的顾客群，有利于选择与确定适合自身的设计策略或方法。定位可从以下三个方面出发。

（1）地域创新。地域文化植根于不同的文化背景和生活环境中，蕴含着丰富的文化底蕴和悠久的历史传承基础，根据不同地域环境的变化情况结合相应的设计方法，将富有地域特色的民俗文化融入产品设计，使产品具有地域性特征。在文创产品设计中提炼出地方民俗文化，将风格各异的地域文化融入商品的设计和文化的传播中，是设计师实现文创产品差异创新的方向之一。如图 4-3-1 所示，这款十二生肖傩面风琴本以中国传统民俗文化为基础，以傩面具艺术为设计核心，巧妙结合风琴本的形式，打造出一款极具地方特色的文创产品。傩面具作为傩戏的重要组成部分，源自中国古老的民间传统艺术，常用于祈福、驱邪等活动中，具有强烈的地方文化特色。本设计以十二生肖为核心元素，结合当地傩面具的独特造型，生动展现了各具特色的生肖形象。每一页均以生肖傩面为主题，通过艺术化手法将传统形象融入风琴本结构。风琴本采用了折叠形式，使每个生肖面具的展示更加层次分明、错落有致，便于观赏的同时也体现了传统面具的动态美感。这种设计手法实现了传统文化与现代工艺的融合，给予消费者极具视觉冲击力的文化体验。该作品不仅展现了十二生肖的形象，还融合了当地的民俗文化元素，通过面具的夸张造型、鲜艳的色彩及富有动感的线条，呈现出浓郁的民间艺术气息。每个面具背后均蕴含着深厚的文化象征，传递出吉祥、和谐与繁荣的美好愿景。十二生肖傩面风琴本既是一款地方特色鲜明的文创产品，更是文化传承的载体。它为喜爱传统文化的消费者提供了一种全新的感官体验，使他们能在日常生活中感受民族艺术的魅力，进一步加深对地方民俗文化的理解与认同。

如图 4-3-2 所示，傩庙杯垫设计以地方民俗文化为创意核心，将傩庙建筑与傩面元素巧妙融合，打造出一款富有地域特色的文创产品。傩庙作为中国传统民间文化的重要载体，既是祭祀神灵、驱邪祈福的场所，也承载着深厚的历史文化底蕴。这款杯垫的设计巧妙融合了傩庙建筑元素与当地傩面具文化符号，形成独特的设计风格。每张杯垫都以屋脊飞檐、宏伟庙门等傩庙建筑特征为基本轮廓，背面隐含着傩庙的建筑造型，正面则呈现色彩鲜艳的傩面具形象。这些傩面具由十二生肖、神话人物等传统元素构成，采用现代卡通风格进行艺术加工，使杯垫更具亲和力，能够吸引年轻消费者的目光。这款杯垫以傩庙建筑为核心设计元素，传递出浓厚的地方文化氛围。每个傩面具的独特造型和吉祥寓意，既体现了民俗文化的深厚背景，又具备现代审美情趣。这种文化内涵与实用功能的结合，既提升了产品的艺术价

图 4-3-1　十二生肖傩面风琴本设计
（图片来源：廖睿日自制）

图 4-3-2　傩庙杯垫设计
（图片来源：廖睿日自制）

值，也让消费者在日常生活中感受到传统文化的魅力。本设计在细节上也十分精致与考究，杯垫选用环保木质材料，表面辅以精雕细刻工艺，使每个设计元素都栩栩如生，既满足实用需求又具备收藏价值。整个杯垫呈现出浓厚的文化氛围和现代设计感，为消费者带来全新的文化体验和视觉享受。

如图 4-3-3 所示，“戏韵风华”便携镜子文创产品将赣剧戏曲文化与现代生活方式巧妙融合，打造了一款兼具地方特色与创意设计的文创产品。其设计灵感源自赣剧这一传统地方戏曲艺术，以其独特的表演风格、绚丽的服饰色彩和悠扬的唱腔为基础，通过现代设计语言与卡通化手法，赋予产品新的生命力。便携镜子的正面图案展现了赣剧经典女性角色形象，她们头戴华丽冠饰，身着精美戏服，既体现了赣剧艺术的精髓，又通过现代插画风格呈现其生动的面部表情与精致的服饰细节，在保留传统美学的同时，增添了趣味性与现代感。背景设计采用简洁且富有动感的元素，如星星、花卉、几何图案等，与角色形象和谐融合，增强了视觉的层次感与活力。在色彩运用上，设计师选取了鲜明而柔和的色调，既符合戏曲的热烈和高贵，也使整体视觉效果更加清新和现代。通过现代设计元素的融入，这款便携镜子不仅让用户感受到传统戏曲文化的魅力，还能够作为时尚配饰，满足年轻消费者的审美需求。这款产品既具备实用功能，又承载着地方戏曲文化，显著提升了其文化内涵和艺术价值。作为对赣剧文化的创新性诠释，该设计为消费者提供了一种传统艺术与现代生活方式相融合的全新体验，充分展现了地方文化元素在现代文创产品中的独特魅力。

如图 4-3-4 所示，赣剧角色文创团扇设计巧妙融合了赣剧经典角色与传统团扇形式，通过现代设计语言将地方民俗文化融入日常生活。作为江西省代表性地方戏曲，赣剧历史悠久、底蕴深厚，其独特的服饰造型、发型艺术和唱腔体系承载着丰富的民间艺术特色。本系列团扇设计正是从这些传统元素中汲取灵感，将其转化为现代人喜爱的文创产品。每款团扇均以赣剧经典角色为核心设计元素，通过艺术化处理和卡通风格插画手法，将角色的服饰特征、发型样式及标志性表情生动再现，赋予传统形象新的生命力。色彩运用上采用红、蓝、粉、黄等明快色调，强调了赣剧角色的喜庆和热烈气氛；同时，精细刻画的头冠、花朵配饰等细节，突出了赣剧服饰的华丽并使其富有层次感。在结构设计上，团扇采用圆形扇面搭配金色或木色扇柄，设计简洁而具有现代感，既保留了传统韵味，又增添了轻便实用的现代气息。每款团扇都生动展现了独特的角色魅力，让使用者在享受清凉的同时，感受到赣剧艺术的文化气息。这款文创团扇不仅具有实用性，也是一款富有文化内涵的艺术品，旨在传承和推广赣剧这一地方特色文化。通过现代设计，这一产品不仅适合日常使用，也适合作为收藏品或礼品，带给消费者别具一格的文化体验。

（2）产品品类的创新。产品品类的创新是指设计师通过设计出多种不同规格、质量、特色和风格的同类产品，来适应各类顾客的不同需要和价值诉求，避免产品的同质化现象。在实现文创产品品类创新时，应注重以产品的系列化、品牌化为导向，统一规范整体形象，更加明确地突出设计产品的主题和个性。如图 4-3-5 所示，本款赣剧主题系列立牌文创作品，以“地方戏曲 + 地域建筑 + 卡通形象”为设计主轴，深度融合赣剧文化与吉祥图景，展现出浓厚的地域特色和审美创意。设计灵感来源于赣剧的经典角色造型与表演形式，设计团队采用卡通化的视觉语言，将传统戏服、脸谱、头饰等元素提取重组，使人物形象既保留了戏曲的传统韵味，又具备现代视觉的亲和力。每个角色表情生动，服饰鲜明，通过亚克力立牌的层次式构图增强立体感与趣味性，适合多角度展示与陈列。此外，作品背景融入了赣地标志性古建筑、山水意象以及花卉装饰，象征性强、色彩饱满，传递出祥和喜庆的氛围。其中“赣剧大门”“庙宇牌楼”等场景元素不仅提升了整体的文化厚重感，也强化了地域辨识度，使观者在欣赏作品的同时，直观感受到江西传统文化的精髓。在材质与工艺方面，立牌选用透明亚克力材质，通过精密 UV 印刷实现高饱和度画面呈现，同时配有稳固底座，便于摆放与收藏，兼具实用性与观赏性。整体而言，这组赣剧文创立牌作品不仅是地方戏曲文化的创新演绎，也是一种可触可感的文化传播方式。它通过现代设计语言重新激活传统艺术，既服务于大众日常生活，又具备收藏价值，为赣剧文化的传承和推广提供了别具一格的视觉载体。

图 4-3-3　“戏韵风华”便携镜子文创产品设计
（图片来源：刘淑英自制）

图 4-3-4　赣剧角色文创团扇设计
（图片来源：刘淑英自制）

图 4-3-5　赣南采茶戏摇头立牌文创设计
（图片来源：龚倬颖自制）

如图 4-3-6 所示，赣南采茶戏自捏黏土冰箱贴是一款极具地方特色的文创产品。其设计灵感源自赣南采茶戏的传统戏剧角色，采用手工捏制黏土工艺精制而成。在设计过程中，设计师以剧中经典人物形象为原型，如小生、小旦等角色，通过手工黏土捏制成小巧可爱的冰箱贴。每个角色造型都精准还原了戏剧中的经典元素，如小生的帽子、旦角的花朵发饰等均生动再现了赣南采茶戏独特的艺术风格。通过黏土的使用，设计师使文创产品中的角色形象更加生动、立体，每一处细节都反映了戏剧中的表演特色和文化精髓。

如图 4-3-7 所示，采茶悦曲——采茶戏文创画卷设计是一款融入了赣南采茶戏特色的文创产品，其设计灵感源自赣南的传统采茶戏。这款画卷通过独特的艺术表现形式，展现了采茶戏的角色、故事情节与其展现的地方风情，以创新手法将传统民俗文化融入现代生活。设计融合了丰富的地方民俗元素，通过小旦、小生等身着传统戏服的典型人物形象，生动再现了剧中经典场景。每个角色的细节和表情均以手绘方式巧妙呈现，凸显了采茶戏独有的戏剧魅力。画面色调柔和且富有层次，以水墨风格为背景，点缀艳丽的花朵、青山绿水与茶园景观，展现了赣南的自然美景与人文特色。画卷既保留了采茶戏的精髓，又通过现代设计语言增强了观赏性与收藏价值。人物形象活泼灵动，与背景相互映衬，形成和谐统一的画面。此外，构图巧妙融入了地方建筑与传统文化符号，突出了赣南的地域特色。这款文创画卷不仅传承与弘扬了赣南采茶戏文化，还是一件兼具艺术价值的家居装饰品。通过将地方民俗类文化元素转化为文创产品，既让传统文化走进了现代生活，又为年轻人带来了新的文化体验与情感共鸣。

（3）消费群体的差异化创新。消费群体的差异化创新是指根据不同的消费群体的消费需求和消费心理走差异化路线，锁定消费群体差异化进行设计。对消费群体进行细分有利于对产品开发品类的细分，从而实现产品的多样化和个性化。如图 4-3-8 所示，四季福光·鳌鱼灯韵钥匙扣的设计融合了江西非遗文化中的鳌鱼灯元素，以创新手法将传统灯饰艺术转化为现代感十足的钥匙扣产品。鳌鱼灯作为江西传统民间工艺之一，象征着吉祥、幸福与祥和，尤其在春节等节庆期间，它常被视为节日的亮点与文化象征。在设计中，设计师以鳌鱼灯为核心形象，结合四季变化的色彩和花卉元素，既展现了大自然的生机与轮回，又寄托了＂四季平安、福气长伴＂的美好寓意。本钥匙扣的设计特色在于丰富的色彩搭配与细腻的造型表现。每一款钥匙扣均采用不同的颜色主题和花卉装饰，分别代表春、夏、秋、冬四季的特色：春季以粉嫩色调为主，展现花朵的生机；夏季以亮丽的黄色和绿色传递活力；秋季选用温暖的橙色和红色，象征丰收；冬季则以清新的白色和蓝色呈现宁静之感。这些色彩既符合传统文化的象征意义，也迎合了年轻消费群体对时尚与个性化的需求。通过这样的设计，作品不仅传承和发扬了江西传统文化，更为当代消费者提供

图 4-3-6　赣南采茶戏自捏黏土冰箱贴设计
（图片来源：龚倬颖自制）

了兼具文化深度和情感寄托的日常饰品。无论是作为个人使用的钥匙扣，还是作为节庆礼物，这款钥匙扣都展现出独特的文化价值和市场吸引力，能够吸引不同年龄层、不同兴趣的消费者，尤其可以在年轻人和文化爱好者中产生共鸣。

如图 4-3-9 所示的“百鸟灵韵”苗族纹样帆布包文创产品，设计师通过对传统百鸟衣纹样进行排列组合、变形、拆分等一系列变化，将传统元素融入现代感的配色和形式处理，实用与美感兼具。帆布包色彩对比强烈，具有独特而新颖的视觉效果，结合了现代审美取向的多样明快和消费受众群体的需求。“百鸟灵韵”帆布包整体设计提炼了图腾文化，运用图案纹样的形式很好地结合了消费受众群体的需求，表达了民族情怀，具有独特而新颖的视觉效果、商业价值和文化传播价值。

图 4-3-7　采茶悦曲——采茶戏文创画卷设计
（图片来源：黄佳钰自制）

图 4-3-8　四季福光 · 鳌鱼灯韵钥匙扣设计
（图片来源：钟琴自制）

图 4-3-9　“百鸟灵韵”苗族纹样帆布包文创产品设计
（图片来源：李欢欢自制）

如图 4-3-10 所示，本款文创团扇的设计灵感源自客家传统服饰中的织锦图案，设计师通过将现代设计手法与传统团扇形式相融合，打造出兼具文化传承功能与时尚美感的创新产品。团扇纹样选取客家服饰最具代表性的织锦图案，以鲜艳的色彩与精致的工艺展现客家文化的深厚底蕴。设计巧妙融入了客家文化中的传统花卉、鸟类等自然元素，通过团扇的构图形成了“和谐”与“繁荣”的文化象征。在色彩搭配上，团扇采用温暖且富有层次感的绿色、紫色、红色交织，既彰显了客家文化的深厚底蕴，又赋予其现代审美气息。这种传统与现代的融合，使其不仅受到传统文化爱好者的喜爱，也能吸引年轻消费者的眼球。此外，团扇的设计充分考虑了现代消费者的使用需求，轻便的材质和精致的工艺使其兼具实用性与收藏价值，成为一款创新的文创产品。客家服饰纹样通过这种设计以全新的形式呈现，既保留了传统文化的精髓，又满足了现代人对个性化和独特性的需求。这款文创团扇不仅是一件艺术作品，更是文化传播的载体，旨在通过创新设计让更多人了解并喜爱客家文化，搭建起传统文化与现代生活的桥梁。

4.3.2 地方民俗类文化元素在生活用品文创中的特点塑造

一般来说，文创产品的功能性绝不是单一的，它应该集实用功能与审美功能于一身。在进行地方民俗文创产品设计时，设计师应植根于地域文化，突出产品的个性特征，妥善安排好产品的各项功能并调整好各功能之间的关系。如图 4-3-11 所示的水族头饰旅游文创产品，设计师将水族特有的头饰通过发卡作为载体进行文创产品设计，以形载意，用俏皮可爱的方式间接传递水族精神，使得原本厚重的民俗文化内涵变得活泼起来。

关于文创产品设计载体的选择，一般来说，设计师为了吸引大众的消费会选择一些人们日常生活中常用的物品，再运用设计手法将其设计成具有地域民俗文化内涵的文创产品。设计师通过仿生、提取文物的表面肌理、整体质感、色彩特征和造型等特色方式，结合该产品的实用功能设计出日常生活中的日用品。如图 4-3-12 所示的是水族牙刷套装，其创意在于将形态进行了转换，结合水族喜食鱼的特点，将普通的牙刷头设计成鱼的造型。在创意方面，将原本枯燥的洗漱过程通过卡通化手段变得有趣起来，给人眼前一亮的感觉，同时也丰富了人们的审美情趣。

图 4-3-10　“客缘织锦”客家服饰纹样文创团扇设计
（图片来源：马捷自制）

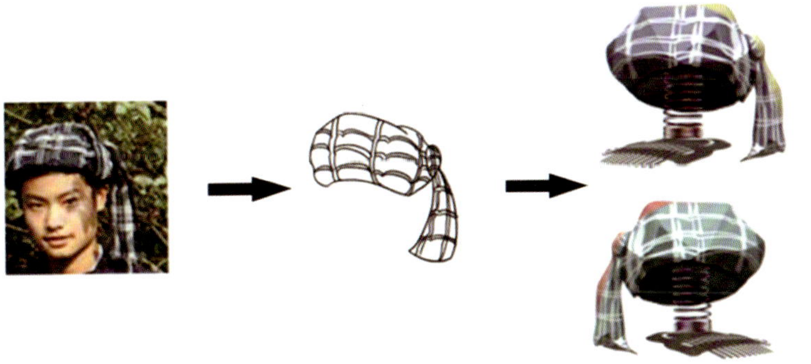

图 4-3-11　水族头饰旅游文创产品设计
（图片来源：陈文芳自制）

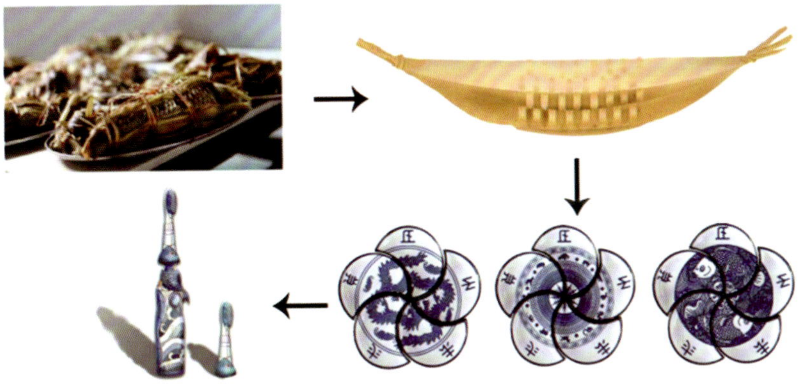

图 4-3-12　水族牙刷套装旅游文创产品设计
（图片来源：涂勇自制）

如图 4-3-13 所示，面面俱到——赣傩十二生肖文创红包设计融合了赣傩文化中的十二生肖面具元素，将传统傩文化与现代红包设计巧妙结合，打造出一款兼具地方特色与现代审美的创意产品。该设计通过十二生肖的不同形象，生动展现了赣傩文化的多样性与独特魅力。设计灵感源自赣傩面具这一地方民俗文化的代表性符号，其常与节庆仪式和驱邪避灾等传统活动紧密关联。每个生肖面具均融入了赣傩文化的精湛工艺与生动表现手法，既凸显了不同生肖的独特神韵，又与 2025 年新春的喜庆氛围相呼应，使红包不仅承载祝福，还成为传播地方文化的媒介。在色彩搭配上，红包背景采用传统吉祥的红色，象征着好运和幸福。生肖面具则采用鲜艳活泼的色调，使红包整体显得热烈而喜庆，非常适合春节等节日场景。同时，每个生肖面具都以现代卡通风格呈现，使其既具有传统文化底蕴，又符合现代年轻消费者的审美需求。这款文创红包不仅符合节日赠送的传统用途，还为地方文化的传承与创新提供了新的思路。通过这样的设计，赣傩文化以现代化的产品形式得以传播和延续，进一步增强了文化的亲和力与吸引力。

如图 4-3-14 所示，这款赣南采茶戏冰箱贴文创产品以经典戏剧角色为灵感来源。设计师以冰箱贴这一便捷的生活用品作为载体，将传统的赣南采茶戏文化融入现代文创设计之中。这款冰箱贴的设计从赣南采茶戏的代表性角色和服饰中提取高辨识度元素，通过对色彩和形象的提炼与创新，塑造出生动活泼、亲和力强的卡通人物形象。文创产品整体呈现出独特且富有活力的视觉效果，符合现代审美趣味并契合年轻消费者的需求。同时，这一文创产品充分展现了赣南采茶戏的地方特色，传递了其文化魅力。

图 4-3-13　面面俱到——赣傩十二生肖文创红包设计
（图片来源：廖睿日自制）

图 4-3-14　赣南采茶戏冰箱贴设计
（图片来源：黄佳钰自制）

4.3.3　地方民俗类文化元素在创意礼品文创中的情感联系

由于广大消费者的年龄、性别、知识文化层次、社会经历的不同，他们对于趣味的理解方式和产生的情感共鸣也不同。有的消费者比较注重功能方面的趣味，有的则是更注重视觉感官带给自己最直接、最直观的个性趣味。在人们不同诉求点的驱使下，各种层面的趣味性又得以强化，带给人们截然不同的个性体验。如图 4-3-15 所示的“诗礼夫子”卡通人偶文创产品，通过卡通形象快速拉近消费者与人物之间的距离，让消费者体验新一代的“君子之姿”；在造型方面，设计师融合了唐、明、清三代孔子教像蓝本，让孩子们在感受儒家文化氛围的同时，还学习了传统文化知识。

图 4-3-15　“诗礼夫子”卡通人偶文创产品
（图片来源：李鸿祥自摄）

“诗礼夫子”卡通人偶为孩子们营造了深厚的儒家文化氛围，根据不同消费者群体的需求设计出相应风格的产品，避免产品的同质化，突出“诗礼夫子”卡通人偶产品鲜明的儒雅个性，使儿童更易于接受，快速拉近了两者的情感距离。

如图 4-3-16 所示，这款大洋洲青铜器文创玩偶系列的设计灵感源自大洋洲青铜器所承载的独特文化。设计师通过现代艺术手法，对青铜器的造型和纹饰进行创新演绎，旨在将大洋洲独特的文化魅力与创意礼品、文创产品相结合，既保留了青铜器的历史文化底蕴，又符合现代消费者的审美需求，建立起文化传承与创新的情感联系。在设计中，设计师提取了大洋洲青铜器的特色形态和图案元素，如以传统图腾和神话为主题的装饰纹样。这些文化符号通过艺术化的玩偶形象再现，既保留了原始的艺术美感，又展现出浓郁的地域文化特色。每款玩偶都通过卡通化设计手法，在保留文化本真的同时增强了其亲和力。这种设计形式既生动展现了大洋洲的文化特色，又满足现代消费者对创意和文化内涵的需求。该系列玩偶涵盖多种姿态和表情设计，如传统服饰、现代化装扮及互动设计，使玩偶不仅是文化的载体，还成为情感寄托和文化认同的象征。这种创意礼品通过设计将青铜器的艺术价值与大洋洲的传统文化相结合，向更广泛的消费者群体传递文化魅力，增强人们对大洋洲文化的兴趣和认同感。这些文创产品不仅能帮助人们了解大洋洲的文化遗产，还能激发他们对历史与文化的深入思考，从而推动地方文化的创新与传播。作为现代化的文化传播媒介，文创玩偶兼具艺术性与市场潜力，既能满足现代消费者的需求，又蕴含了深厚的文化情感。

图 4-3-16　大洋洲青铜器文创玩偶
（图片来源：徐杰自摄）

4.3.4 地方民俗类文化元素在土特产品文创中的融合创新

文创产品的包装设计对于产品的销售具有举足轻重的作用。成功的土特产包装能够在第一时间抓住消费者的眼球，吸引消费者进行购买。将当地的民俗特征放大并将其融合在文创产品中，创新产品的功能性，就能使消费者看到土特产的特色，诱发消费者的购买欲望，提高当地居民的收入，从而提升地区经济和文化的共同发展。

“畲乡赋”畲族手工面旅游文创产品包装便是根据消费者的个性消费心理所设计，结合了当地常见的竹筒及喜食面条的特点，将两者融合进行创新，将竹筒设计为盛装面条的包装。通过造型的创新、材料的创新和展现方式的创新等多种形式，使旅游文创产品具备民俗文化特色，从而实现了产品的多样化和个性化（图 4-3-17）。

将具备民俗文化元素特征的产品包装和其他具有现代元素特征的产品包装进行比较，以民俗文化元素特征为设计元素的产品包装更具有文化价值，其生动可感的形象更容易使消费者产生情感上的共鸣。如果是远离家乡、在异地打拼的游子看见具有自己家乡地域文化特色的产品包装，会顿时倍感亲切，从而引发其对产品的购买欲望。

如图 4-3-18 所示的“畲乡赋”畲族腌鱼干包装旅游文创产品，选取畲族饮食文化中的腌鱼干，通过提取鱼的外形设计成鱼干包装，在造型上与其他同类产品产生了鲜明的对比，也赋予了畲族旅游文创产品鲜明的性格特征，使土特产包装变得生动有趣，还不失包装原有的功能性，以此拉近了消费者与地域文化之间的距离。

图 4-3-17 “畲乡赋”畲族手工面旅游文创产品包装设计（图片来源：涂勇自制）

图 4-3-18 “畲乡赋”畲族腌鱼干包装旅游文创产品设计（图片来源：路雨华自制）

随着我国当前的旅游文创产品包装设计水平的不断提高，产品包装设计也成为文化传承和发扬的新形式和新途径，消费者不再单纯地追求产品包装的样式，而是更加注重旅游文创产品包装的文化属性及精神内涵。因此，旅游文创产品包装不能拘泥于单独的传统民俗文化，应同时紧紧把握产品包装与当代生活之间的联系，赋予传统民俗文化在现代生活中新的含义及新的形式，完成独具地方特色的旅游文创产品包装设计。

综上所述，近些年来随着“互联网+”模式的出现，这种创新模式也被带到文创产品中。例如，具有埃及法老特征的服饰出现在小黄鸭中，刘易斯出现在西洋棋冰箱贴中。文化不再以传统的方式要求人们去感受，而是以符合现代人生活的方式主动地散播、渗透到人们的日常生活中。为了解决设计中常出现的同质化现象，设计师需要从多方位进行创新，通过造型的创新、材料的创新和展现方式的创新等多种创新方法，使旅游文创产品具备民俗文化特色，从而实现产品的多样化和个性化。旅游文创产品应从水平差异化的角度出发，大胆结合超出人想象的领域创造出令人意想不到的产品，利用差异化设计扩大旅游文创产品所涉及的领域，从创新层面让人感受到文化的存在感与普遍性。

如图 4-3-19 所示，江西南丰蜜桔 T 恤文创产品的设计灵感源自地方特产蜜桔。设计师将南丰蜜桔这一特产与卡通形象相结合，采用鲜明的橙色为主色调，辅以橘子瓣图案，描绘出蜜桔的甜美与生机。图案通过夸张的表现手法，既强化了南丰蜜桔的形象，又借助俏皮活泼的卡通角色吸引年轻消费者，提升产品的趣味性与吸引力。这一创新设计既保留了地方文化特色，又符合现代年轻人对时尚与创意的需求，有效推动了南丰蜜桔文化的传播与创新。

如图 4-3-20 所示，这款江西南丰蜜桔圆形地毯文创产品巧妙融合了地方文化元素与现代家居设计。设计师采用鲜亮的橙色与绿色调，将南丰蜜桔图形融入圆形地毯，创造出兼具视觉冲击力与生活美感的作品。设计以蜜桔形态为主题，融入现代 IP 形象，生动展现了南丰蜜桔的地域特色和物产文化。通过将传统文化与家居物品相结合，该产品既可作为室内装饰品，又能作为体现地方文化特色的创意礼品，满足了消费者对文化和生活品质的双重需求。

图 4-3-19　江西南丰蜜桔 T 恤设计
（图片来源：陈慧慧自制）

图 4-3-20　江西南丰蜜桔圆形地毯设计
（图片来源：陈慧慧自制）

4.4 历史遗址类文化元素在文创产品中的运用

历史遗址是指人类对自然环境利用改造后留下的痕迹，历史遗址类文化元素是对于遗址这种具象事物的造型、色彩、结构及纹样等进行抽象提炼。

遗址元素的提炼是以审美主体对物体本身美的感受为导向，以尊重原有遗址的形式美感为基础，不转换遗址文化在当时建造所表述的文化含义和风俗意志，不夸大宣扬也不贬低曲解。

历史遗址类文化元素在文创产品中的运用

4.4.1 历史遗址类文化元素在文创产品中的设计原则

历史遗址类文化元素在文创产品中要把握趣味性设计原则。著名作家诺曼所著的《情感化设计》中指出：美的感受、人的乐趣和情绪的愉悦的共同作用能给人带来积极的情绪，产生快乐的感觉，这种感觉可以帮助人们释放内心的压力，刺激人们的求知欲和学习能力。目前，市场上以趣味性为目的的体验产品数不胜数，有时促使消费者产生购买行为的原因是追逐产品的造型有趣、功能好玩，这也体现了人们开始更多地在乎情感上的体验，功能上的体验并不是那么重要。文创产品中的趣味设计更多时候是互相完成的，力求带给人们全方位的肢体感受和情感体验。从造型到功能再到人机的互动和文化层面层层递进，将趣味设计推进到一个全新的层面。设计师在进行趣味性设计时，应着重考虑影响趣味性的因素和掌握趣味性的设计方法，注重消费者在使用产品时产生的情感变化及情感需求。

（1）造型趣味设计。旅游文创产品的造型趣味设计就是设计师通过塑造产品生动可感的趣味形象来刺激人们的视觉和触觉感受，同时，能够满足消费者对旅游文创产品趣味性的需求，给消费者带来别具一格的情感体验。每当人们欣赏有视觉冲击力的产品形态时，会产生生理上的快乐，涌现更多趣味和激情。如图 4-4-1 所示的故宫“小乾隆”盖杯系列文创产品，“小乾隆”通过形象的拟人化造型，将整套壶、杯、印章完美地融为一个整体。其造型憨态可掬又不失时尚，并且自带萌点，几乎能够赢得所有年龄段群体的喜爱。茶杯盖巧妙地运用了乾隆皇帝御用清凉绒缨朝冠元素，整套盖杯将乾隆的形象进行了卡通化的还原。

图 4-4-1　故宫“小乾隆”盖杯系列文创产品
（图片来源：李鸿祥自摄）

（2）功能趣味设计。与造型趣味设计相比，旅游文创产品的功能性趣味设计更加生动有趣。产品功能的趣味性设计包括对其功能的人性化设计和创意设计，使消费者在使用产品的过程中能够获得较好的功能体验，从中获得愉快的情感享受，以此来舒缓人们紧绷的情绪，减轻人们精神上的压力。如图 4-4-2 所示的“拉美西斯”书档文创产品，书档灵感来自中世纪帝国中（1295-1069B.C）埃及的雕塑，它的左胳膊刻着拉美西斯的名字，原文物应该是牧师的卜塔，根据文物的造型卢浮宫把它设计成书档，既有历史感又兼备实用功能。

如图 4-4-3 所示的“小雁荐福”丝巾文创产品，设计师在此款丝巾的图案中借用了建筑美学中的轴测视角来表达塔身及寺院的结构布局，将西安小雁塔及其重檐密阁、爽秀的美感效果表现无余，将与之融合一体的中国园林样式刻画得细致入微，屋脊、砖纹、树木、石水、道景等都在实际园林造型的基础上进行了更加符合丝巾佩戴效果的再设计。在配色方面则将传统元素融入现代感的配色和形式处理，整体配色葱郁生动，气质幽静深远。

图 4-4-2　“拉美西斯”书档文创产品
（图片来源：李鸿祥自摄）

图 4-4-3　“小雁荐福”丝巾文创产品
（图片来源：李鸿祥自摄）

如图 4-4-4 所示的四川三星堆茶具文创产品，设计师创造性地将三星堆古董文化与四川茶文化相结合，打造出一套文创盖碗茶杯。产品主体采用六边形造型，线条契合三星堆青铜面具的古拙之美，材质上采用了陶瓷与铜材质相结合，精美大方。在产品功能上可以通过旋转杯盖角度来调整茶杯的散热缝隙，令消费者在使用时更有趣味性。

图 4-4-4　四川三星堆茶具文创产品
（图片来源：李鸿祥自摄）

4.4.2　历史遗址类文化元素在生活用品文创中的精神传承

设计一款具有历史遗址元素和文化创新的创意产品，其最大的意义就在于让传统神秘的文化融入日常使用的文创产品中，让使用者在使用该产品时，能用一种更加轻松、有趣的方式去解读历史文化，以此传达积极向上的生活态度，从而达到传播文化的作用，同时，也扩大了历史遗迹的知名度。

图 4-4-5　“天坛 2025 年历”文创产品
（图片来源：李鸿祥自摄）

如图 4-4-5 所示的“天坛 2020 祈年历”文创产品，以中国二十四节气为主要元素，与天坛的祭天建筑、树木、花草等插画融合在一起，使其不仅是日历，还将一套完整的节气系统融入其中，将艺术与功能完美融合，并且具有很高的艺术性和装饰性，集天坛建筑美学与人类非遗文化“二十四节气”、礼乐文化、祈福文化等传统元素为一体，是迎接天坛 600 周年的首款文创产品。

如图 4-4-6 所示的大雁塔壁灯文创产品，设计师以西安的大雁塔建筑、皮影艺术及瓷器艺术为设计元素，以光的形式对大雁塔形象进行突出表现，具有创新性的视觉效果，更加突出西安文化特色。设计师将艺术与文化相结合，令消费者既能了解大雁塔文化又能陶冶情操。

如图 4-4-7 所示的海南临高角灯塔“留灯”文创产品，其灵感来源于海南临高县的历史文化遗迹中的临高角灯塔，就如灯塔一样，想将每一盏明灯都留在每一个人的心中。该产品外观运用了红、白两种主色调。造型采用红白相间横圆柱形制塔身，并有 6 根斜柱支撑，支杆之间相互连接，可挂耳钉等一些小东西。产品整体采用牢固稳定的材质。表面采用高温静电烤漆工艺，平光处理，细腻有质感。灯塔的顶部为按钮，采用按压方式来实现照明的开关，并通过连续按动，来调节亮度的高低。考虑临高角灯

图 4-4-6　大雁塔壁灯文创产品
（图片来源：李鸿祥自摄）

图 4-4-7　海南临高角灯塔“留灯”文创产品
（图片来源：李鸿祥自摄）

塔作为琼州海峡西口重要的助航标志，所以，在灯塔的围栏处做了航船的镂空设计，并采用了海洋的蓝色作为映射，希望人们在使用的过程中，除了能观赏到临高角灯塔的外观，更能明白它存在的历史意义。产品的上部分做了提手的设计，带有一丝古味，并增加了趣味性，产品的上下部分可分离，可以利用提手将灯进行上下摆放。总体设计兼具艺术性与功能性，满足了不同消费者的需求。

4.4.3 历史遗址类文化元素在创意礼品文创中的审美再现

如图 4-4-8 所示的刘易斯西洋棋元素扑克牌文创产品，扑克牌是文创产品最好的载体之一，扑克牌正面采用国王俏皮摸脸的图案，背面以罗塞塔石碑上的碑文为花纹，大英博物馆的设计师们通过轻松有趣的设计方式使原本造型单调的扑克牌变得生动有趣，使人们在玩的过程中加深了对罗塞塔文化的印象；由此可见，有趣的造型设计对于历史文化的宣传起着至关重要的作用。

如图 4-4-9 所示的三星堆青鸟古灯文创产品，设计元素来自三星堆青铜器文物中的神鸟造型，整体造型庄重且具有美感。设计以卧室灯为载体，神鸟的造型部分为泥塑所做，材质坚实稳固。色彩依旧沿用其自身颜色，与灯具相结合寓意着文物在传承的过程中依旧闪闪发光。

如图 4-4-10 所示的三星堆青铜神树调味罐文创产品，设计师以“三味”作为设计主题。“三味”即布衣暖、菜根香、诗书滋味长。“人生三味”调味品盒通过提取三星堆青铜神树的造型元素设计而成，设计突破传统调味盒的陈列方式，而是通过竖着陈列，不仅节省了空间，使用起来也更加符合中国人的饮食习惯。“人生三味”调味品盒，不仅是很好的文创产品，也具有很高的实用价值。

图 4-4-8 刘易斯西洋棋元素扑克牌文创产品
（图片来源：李鸿祥自摄）

图 4-4-9 三星堆青鸟古灯文创产品
（图片来源：李鸿祥自摄）

图 4-4-10 三星堆青铜神树调味罐文创产品
（图片来源：李鸿祥自摄）

4.4.4　历史遗址类文化元素在土特产品文创中的记忆延续

传播遗址文化的另一有效手段是将遗址元素应用于产品之上。人们可以通过对遗址的探索发现，了解、接触人类文化的发展进程，也可以对遗址元素进行数码化的提取和凝练，进行二次设计，使古今对话成为现实。遗址文化所带来的美的感受是经久不衰的，其不仅是历史进程的真实写照，更代表了人们对于美的追求。

如图 4-4-11 所示的绳金塔包装文创产品，包装主题为“畅游美景，畅享生活”，整体造型结合了山水元素，以南昌赣江两岸的建筑作为插画背景，以插画的形式展现南昌古建筑的原始风貌，将古代建筑与现代建筑通过统一色调的方式结合起来，使产品生动有趣，增强了视觉冲击力与趣味性。在功能上，还包括茶杯、便签等办公用品，相比传统的单一形式的包装更能吸引人们的关注，以充满趣味性的方式转化了当地的文化内涵。

随着人类物质文明的发展，游客消费观念的巨大变化，使趣味性的旅游文创产品成了现代旅游的重要附加产品。本章以趣味性设计为切入点，着重分析了旅游文创产品的形态特征和多种功能，通过诸多旅游文创产品的实例论证了体现纪念品趣味性的设计途径和设计方法，为旅游文创产品的趣味性设计提供了新颖的设计视角，以为游客带来更多的旅游乐趣。

综上所述，一切设计的核心是以人为本，其是建立在广泛的互动设计、情感设计等基础之上的。整体来讲，生活用品的设计应从旅游文创产品的造型特点出发，注重从理论基础到内在含义设计的法则，以及旅游文创产品的功能性和情感性给受众带来的趣味体验。其中，旅游文创产品趣味设计的核心是坚持以人为本的准则，以交互与体验的人性化设计为基础，进一步关注旅游文创产品受众的情感和心理层面的需求。旅游文创产品设计不是简单的贴图设计，而是在设计过程中融入故事性情节，以此增加消费者在使用旅游文创产品过程中的情感体验，让消费者与文创产品产生心灵的共鸣，这是文创产品设计中较为常用的设计方法之一。要讲好产品设计中的故事，需要发现产品中的笑点、萌点、科技点等，通过一定的“梗”与消费者进行互动沟通。在旅游文创产品中，生活用品也只是其中研究的一个载体，通过其研究理论对实践设计起到行之有效的指导作用。产品设计之父雷蒙德·罗维曾经说过：“我寻求一种强烈的视觉震撼力，令人即便是短短一瞥，也能留下深刻的印象，但是我更关心它们在人们心中的感受。”

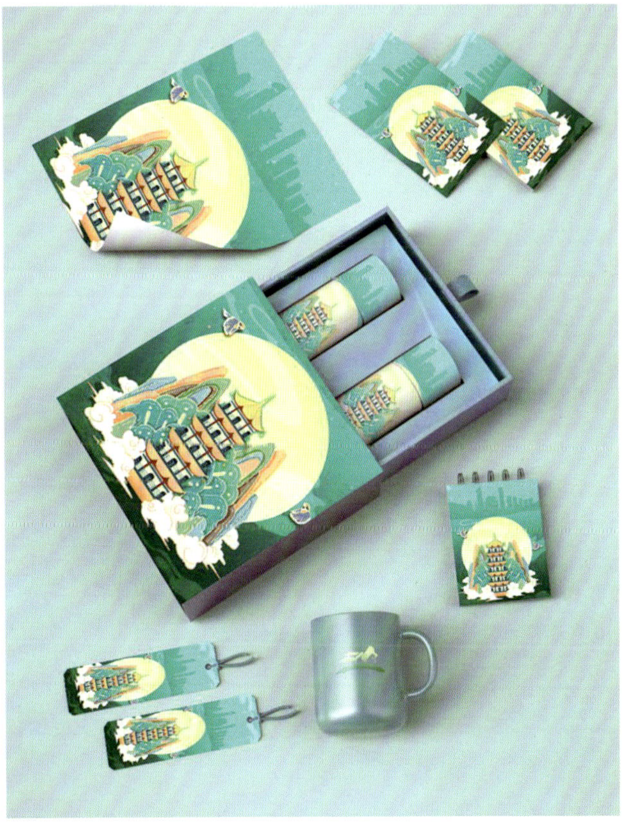

图 4-4-11　绳金塔包装文创产品
（图片来源：涂勇自摄）

拓展阅读

地域文化元素的跨界设计应用

地域文化元素的应用已不局限于传统文创产品。随着跨界设计的兴起，地方文化元素在现代建筑设计、时尚设计、广告创意等领域得到了更广泛的应用，为文创产品带来了新的设计思路。在跨界设计中，设计师通过提取地域文化的符号性特征，将其巧妙融入现代产品的形态与功能中，最终创造出符合现代审美的文创产品

文化产业与地方经济的融合

地域文化元素的成功应用不仅能够增强文创产品的市场吸引力，还能带动地方经济的发展。文创产品的设计与地方经济发展密切相关，尤其是在旅游业的带动下，地方特色文创产品的销售直接影响当地经济的增长。通过对地域文化元素进行深度挖掘，文创产品不仅为游客提供了具有纪念意义的商品，还为当地创造了就业机会和经济收入，促进了地方经济的繁荣发展。

本章小结

本章主要对地域文化元素在旅游文创产品中的运用及设计原则进行了详尽的描述，主要从旅游文创产品的设计原则进行分析，详细讲解其设计来源和设计方法。将地域文化元素分为山水风貌类元素、人文景观类元素、地方风俗类元素、历史遗址类元素，提取主要元素进行旅游文创产品设计。探究地域文化元素与旅游文创产品之间的关系，总结设计思维。

思考与练习

1. 单项选择题：地域文化元素在文创产品中的运用，应特别关注的是（　　）。

A. 文化符号的创意转化　　B. 产品的价格竞争

C. 产品的生产成本　　D. 产品的使用寿命

2. 单项选择题：（　　）可以有效地将地域文化元素转化为文创产品。

A. 直接复制传统元素　　B. 对传统元素进行现代化简化

C. 完全忽视传统文化　　D. 仅使用现代图形设计

3. 单项选择题：在地域文化元素的设计中，最重要的是（　　）。

A. 忽视地方文化背景　　B. 用现代工艺改造传统元素

C. 完全复制传统设计　　D. 用外来元素代替传统文化

4. 判断题：地域文化元素的设计转化，要注重与现代消费需求相结合，避免过度复古。（　　）

5. 判断题：地域文化元素的创新性转化，不仅是设计师的创意，还是文化传承的重要形式。（　　）

习题答案

综合实践

1. 经典作品分析

题目：分析“上海外滩文创产品”系列，探讨其如何将上海独特的历史文化与现代设计相结合，形成具有地方特色的文创产品。

要求及要点提示如下。

（1）分析外滩文化元素的提取与创新运用，例如如何通过建筑风格、历史遗迹、上海特色文化（如海派文化）等元素进行设计。

（2）探讨这些文创产品在创新设计上的突破，例如如何使传统文化元素满足现代消费者的审美需求。

（3）分析其如何通过市场推广提升品牌价值，并有效增强上海作为文化旅游目的地的知名度。

2. 创作实践

题目：设计一款以“历史文化”为主题的文创产品，可以结合某一城市的特色元素（如特色建筑、历史人物、传统节日等）。

要求及要点提示如下。

（1）产品设计要体现历史文化特色，提取具有代表性的元素并进行创新。

（2）设计需要考虑市场需求及目标消费群体，突出文化内涵的同时兼顾实用性。

（3）可以结合现代工艺、材料和生产技术，以提升产品的市场竞争力。

第5章 文创产品的设计要点

■ 本章导读

本章的重点包括用户心理需求分析、IP形象塑造和品牌建设三个方面。文创产品在设计过程中，需要紧密结合消费者的情感需求，通过打造独特的IP形象和品牌故事，增强产品的文化内涵和市场竞争力。

■ 学习目标

1. 掌握文创产品设计的基本原则和流程，理解如何在设计中融入文化元素并进行创意表达。

2. 理解功能与美学的融合方式，掌握在设计中平衡实用性与艺术性的方法。

3. 分析品牌建设与IP开发的重要性，研究如何通过创新设计提升文创产品的市场竞争力。

本章旨在引导学生认识到文化创意产业不仅是商业活动，更是社会主义文化创新的重要组成部分。通过学习文创产品设计的核心要点，学生能够树立服务社会的设计理念，推动中华优秀传统文化的创新发展，从而增强民族自信心，助推文化产业走向更加繁荣的未来。

■ 知识结构图

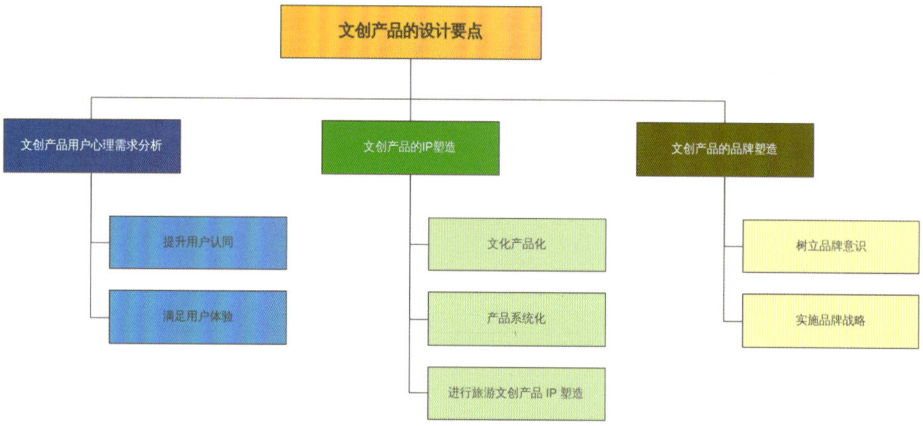

文创产品设计要点主要从三个方面出发，首先是基于用户心理需求的文创产品分析，旅游文创产品蕴含的情感因素是带给消费者的重要旅游体验之一，购买文创产品也是基于用户的心理需求，将旅行时的记忆用“物化”的方式保存下来。文创产品重要的价值之一就是它的经济价值，文创产品的消费伴随着旅游行为而进行，同时也受到旅游地域、消费群体不同的影响，从用户心理需求分析的角度来说，消费者的年龄、教育程度、性别、行为习惯等因素都会影响到文创产品的设计需求，所以在本章内容中，从文创产品用户心理的三个不同层次需求进行分析，结合分析要点研究文创产品设计时如何提升用户认同感及满足用户体验感。其次是对于文创产品 IP 的塑造，塑造 IP 热点进行文创产品设计，能满足当代消费者对文创产品的时代需求，也能够帮助文创产品打开互联网市场，本章内容从文化 IP 的角度阐述在文创产品中文化如何产品化及产品如何系统化的问题。最后，是对文创产品的品牌塑造，针对文创产品的设计要点，提高品牌意识，建立品牌视觉识别系统，是对文创产品价值的肯定与保护，同时实施品牌战略，为文创产品的发展打下坚实的基础。综上所述，在了解消费者对文创产品的需求的前提下进行文创产品的 IP 设计、品牌精准定位，就能够开发出符合时代审美的文创产品（图 5-1-1）。

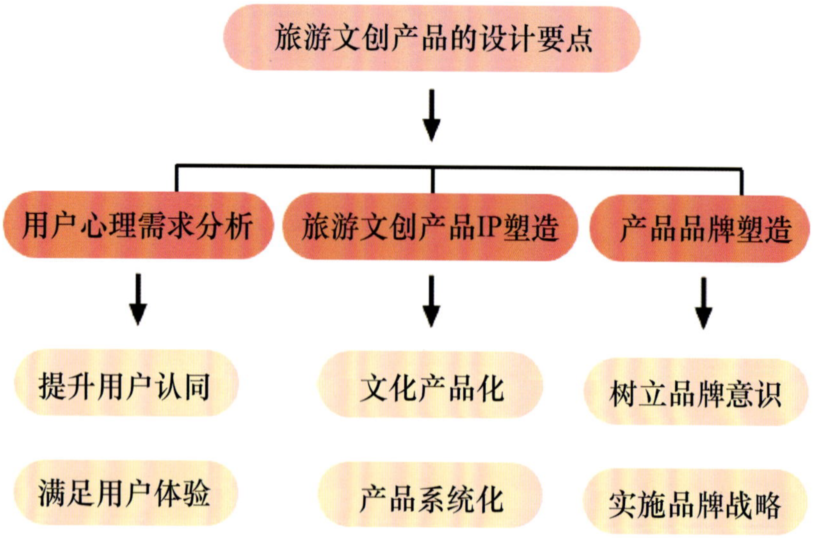

图 5-1-1　文创产品的设计要点
（图片来源：周靖康自制）

5.1 文创产品用户心理需求分析

文创产品用户心理需求分析

在旅游文创产品的设计过程中，人是设计主体要面对的核心对象，产品的所有设计都是基于人产生的，用户心理分析是将用户的认知感受作为设计的主要指导原则，也是旅游文创产品设计的关键步骤。随着现代社会的不断发展和经济的不断进步，人们对物质消费的要求不仅停留在使用功能上，而是更加注重个人对产品的体验及情感上的共鸣，这种追求个性化、差异化的心理要求设计师在进行旅游文创产品设计时要更加注重用户在面对产品时的心理状态，从用户心理出发，分析用户的所想所需，才能够设计出真正满足用户心理的旅游文创产品。

根据国家统计局对 2019—2024 年中国文化新业态营业收入情况的分析，可知消费者对旅游文创产品这类新业态营业收入的需求占比日益增长，这就要求设计师在设计旅游文创产品时要针对消费者的心理状况，跟进时代的脚步，全方位满足消费者的需求（图 5-1-2）。

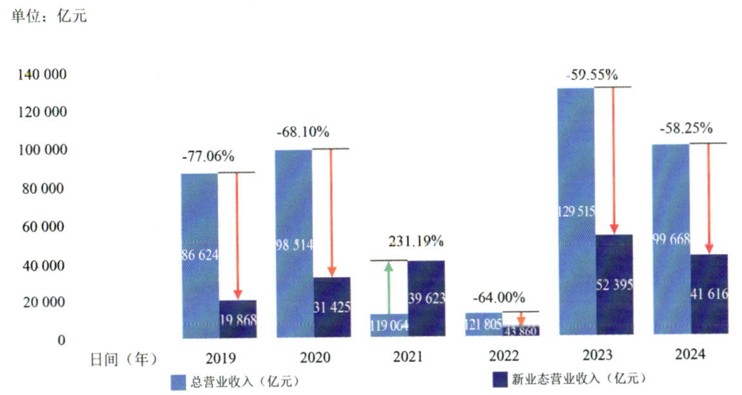

图 5-1-2　2019—2024 年中国文化新业态营业收入情况
（数据来源：国家统计局，图片来源：李鸿祥自制）

用户心理需求分析是指通过调研或资料收集分析用户在使用旅游文创产品时的偏好或是使用过程中的直观感受，也就是针对情感方面进行用户分析。最早提出用户心理需求分析的设计师是美国学者唐纳德·诺曼（Donald Norman），他在其著作《情感化设计》中提出，设计不仅是为了制造出供人们使用的产品，更应该满足人们心理情感上的需求，按照诺曼提出的人们对接收到的外界信息进行加工吸收的三个层次分别是本能层次、行为层次及反思层次。从这三个层次对用户心理需求进行分析，能够在设计旅游文创产品时挖掘出用户与产品之间更加紧密的联系。

（1）用户本能层次心理分析。本能层次是人的感官维度中最本能的反应及人们对事物的第一印象，从物体的外观、颜色、气味等方面体现出来。在进行用户本能层次心理分析时，应对不同受众群对于旅游文创产品的外形、图案、色彩及字体设计等方面的偏好进行调研，通过美的外形吸引消费者、舒适的色彩会给消费者带来心理上的安全感，给消费者留下好的第一印象，放下对陌生事物的警惕性，使消费者在本能层次上更容易接受旅游文创产品的设计。

（2）用户行为层次心理分析。行为层次是人的感官维度中对事物的功能与结构的反映。其主要体现在旅游文创产品的使用功能、便利程度和交互体验中，即消费者在使用旅游文创产品时的便利性及心理上的愉悦感。在进行行为层次分析时，应注重区分受众群不同的心理需求，适用于儿童的旅游文创产品可以增加趣味性，加强产品与儿童之间的互动感，例如，将旅游文创产品设计为儿童填色绘本，或是需要动手组装完成的小玩具，以此来增加互动，满足旅游文创产品基本功能的同时带动用户在行为层次情感方面对旅游文创产品的认同感。

（3）用户反思层次心理分析。反思层次是人的感官维度中经由大脑思考反映出来的精神感受。该层次由人文关怀的思维出发，在进行用户分析时，应当注重用户的性别、文化程度及环境的影响，注重不同的用户在反思层面呈现的消费需求的差异化。例如，在设计旅游文创产品时柔和的线条感适用于大部分女性用户，冷静的配色适用于大部分男性用户，儿童作为旅游文创产品的重要受众群，在用户反思层面尤其需要考虑到安全问题。据统计可知，公共场所及设施物品对儿童带来的伤害在所有伤害来源中位列第五，足以说明安全性在旅游文创产品中的重要性。在材质的选取上，柔软、没有棱角的材质更加适合儿童用户的反思层次心理需求（图 5-1-3）。

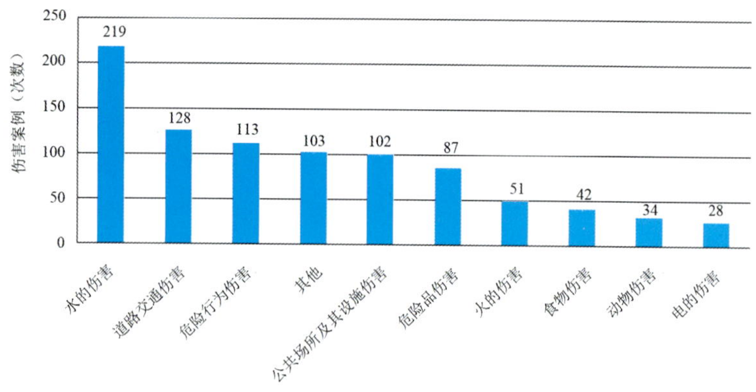

图 5-1-3　儿童伤害来源分析
（图片来源：王丽茹自制）

综上所述，在进行用户心理分析时，要综合以上三个层面的心理需求来进行调研，其间可以相互交叉，也可以同时在不同层次上起到作用，例如，色彩及材料的选取既可以同时满足本能层次和反思层次的需求，又可以通过旅游文创产品本身的实用性来满足行为层次方面的使用感受。对用户心理进行细致的分析后，在设计时充分考虑使用者的感受，旅游文创产品将体现出多样化、个性化、情感化及差异化和满足不同受众群体消费心理的特质。

5.1.1　提升用户认同感

通过对用户心理的本能层次、行为层次和反思层次进行分析后，要在旅游文创产品设计上得出反馈，就需要结合分析调研的结果组成设计框架，运用在旅游文创产品的设计中。设计师需从旅游文创产品出发，并结合提升用户认同感的要点来响应用户行为。其中提升认同感的要点如下。

（1）提升不同层次受众群体的认同。不同的目标用户对产品的认同感存在不同的要求，基于消费者不同的文化环境及生活习惯，对于旅游文创产品的原生文化的理解也不同，这些因素要求设计师避免在设计上千篇一律、照搬照抄，应针对用户心理分析得出的结论合理选取适用于大部分受众群的设计元素，通过通俗易懂、喜闻乐见的方式与现代设计相结合，从而提升不同层次受众群体对旅游文创产品的认同。

（2）提升对产品的认同，即产品的丰富化。近年来，由于文化创意产业的不断发展，旅游文创产品市场的不断开发，为满足市场需求，大批量生产的旅游文创产品出现在各个旅游景点里供消费者选购，此类现象造成了旅游文创产品相似度高、产品种类单一的局面，盲目跟风的同质化产品逐一出现。长此以往，消费者会对旅游文创产品产生审美疲劳，从而无法对原生文化产生认同感，影响旅游文创产品的发展。因此，若要避免此类情况出现，就需要针对消费者心理需求开发多品种、多功能、多样化的旅游文创产品。

（3）提升对设计的认同，即提升设计的独特性。提升用户对旅游文创产品设计的认同不仅要从产品的多样化方面着手，也要以设计创新为出发点拓宽旅游文创产品的设计思路，避免消费者对当地的地域特征产生认知模糊。这就需要设计师加深对旅游文创产品原生文化的了解程度，深入研究地域原生文化的历史背景及发展历程，浓缩其精神内涵，提炼具有代表性的元素形成设计符号，再将其运用在旅游文创产品中，由此既可以避免设计上的同质化，也能够提升消费者对当地旅游文创产品设计的认同感。

5.1.2　满足用户体验感

分析旅游文创产品用户心理需求的顶层要素即满足用户各方面的体验感，通过满足消费者的各个感官体验来完善旅游文创产品设计的内容，能够让用户在购买和使用产品时更加安心和满足。由于每个用户对感官体验的要求不同，所以在满足用户体验感方面需要从产品方面着手，将分析重点放在产品是否美观、是否能与用户的感官体验匹配上。其中用户体验主要从用户的视觉、嗅觉、互动体验及情感体验着手，如“寻风来”杭州文化品牌形象设计公司为杭州旅游设计的“杭州味道”系列手工皂文创产品，该设计结合了视觉及嗅觉上的双重体验，将西湖美景融入旅游文创设计的外形，并将代表杭州味道的蜡烛香薰融入产品本身，为消费者打造视觉与嗅觉上的双重体验，在心理层面上也能够引发消费者对杭州当地美景的浮想联翩，相对于市面上单一体验感的旅游文创产品来说，满足用户的多重体验感是满足用户需求的最好路径。

5.2 文创产品的IP塑造

文创产品的IP塑造

文创产品是文化创意产品与旅游业结合的产物，是艺术衍生品的重要分支，IP 的英文全称为“Intellectual Property”，即知识产权的缩写，是在传统的知识产权体系中权利人对其创作的智力劳动成果所享有的财产权利。在进行旅游文创产品 IP 塑造时，首先要对当代社会中 IP 的含义进行解读。近年来，我国的多个行业都爆发了 IP 热，各行各业通过与 IP 结合进行品牌塑造都收获了巨大的经济效益。随着当今时代的发展，各类新型产业不断涌现，行业之间早已不再是孤立发展，而是彼此相互渗透、相互结合、相互合作，构建出一个交互设计广泛的时代。当代 IP 在此环境下，其概念已不再局限于字面上知识产权的范围，它拥有着更加丰富的含义，例如，在电影、漫画、书籍、企业文化和商业品牌中都可以形成文化 IP，通过 IP 形象的塑造对原文化进行反哺，二者之间可形成相互支撑、相互融合的文化生态链条，使文化的价值最终通过 IP 的塑造得以放大和传播。随着互联网行业的兴起，IP 的涵盖范围日益扩大，在人们生活中的曝光率也不断提高，如何通过 IP 塑造将文化与消费者建立联系，使其拥有更加鲜活的生命力、获得观众量和提升知名度，是人们面临的一大机遇与挑战。

IP 塑造的方式多种多样，许多文化公司及商业品牌都选择量身打造适合自己品牌形象的文化 IP 来进行品牌宣传，这既能树立良好的品牌形象也能够实现产品的多样化、系统化，增加产品开发的延展性，从而实现文化变现。例如，腾讯企鹅、米其林轮胎、MM 巧克力等品牌都选择采用具有趣味性的卡通形象代表企业文化，令消费者耳目一新的同时树立了具有辨识性的企业形象，令人看到品牌 IP 形象就能够联想到企业属性（图 5-2-1）。

如图 5-2-2 所示的是对新余地域文化元素中民间风俗文化元素“仙女下凡”民间传说的 IP 形象转化。“仙女下凡”作为脍炙人口的民间传说，其形象被转化为众多影视作品 IP，新余作为其民间传说的发源地，要利用文创产品扩大文化影响力并吸引更多的游客对当地的文化及环境产生向往，就要利用民间传说的传播性设计仙女 IP 形象，打造出新余形象吉祥物。设计过程中用艺术化的手法将仙女的形象可视化，将仙女设计为具有亲和力的小女孩形象，采用仙女湖的湖岛色彩融入 IP 形象设计中；为了增强旅游文创产品的地域特性，可以将当地的地域元素与 IP 形象进行融合，例如，新余的非物质文化遗产“新余夏布”地域文化元素，将夏布的制作过程与仙女形象 IP 相结合，设计具有动态感的系列 IP 卡通形象。

如图 5-2-2 所示的新余地域文化元素“仙女下凡”系列 IP 形象设计，其中融入了新余非物质文化遗产“新余夏布”的工艺元素，将仙女的形象设计为制作夏布的过程，选取夏布制作过程中具有代表性的采摘苎麻、挽麻团、牵线、刷浆、晒布等过程，将动态的夏布制作过程与仙女相结合，既生动展现了仙女 IP 形象又传播了新余夏布的制作工艺。

图 5-2-1　新余地域文化元素“仙女下凡”IP 形象设计
（图片来源：黄诗琪自制）

图 5-2-2　新余地域文化元素“仙女下凡”系列 IP 形象设计
（图片来源：黄诗琪自制）

如图 5-2-3 所示的安徽省地方传统戏剧 IP 形象，安徽省地方传统戏剧庐剧，原名倒七戏，是安徽省旅游文化中独具地域特色的文化元素，将其形象转化为平面化的卡通造型，提取倒七戏特有的服饰色彩，增强其 IP 辨识度，向消费者传达地域文化特性，提高品牌认知度的同时也体现了鲜明的地域特色与文化内涵。

如图 5-2-4 所示的 MM 豆是风靡全球的巧克力零食品牌形象，这些与品牌自身相结合的 IP 形象能够丰富品牌寓意，也能为原生文化的发展带来更多的可能性。由此可见 IP 形象的塑造对于品牌乃至文化的宣传有多么重要。

IP 形象塑造及活化可以唤醒人们对陌生文化的兴趣，当下越来越多的文化创意产业创造者都在通过这种方式使原生文化更加“个性”与“活跃”，在旅游文创产品设计中也是如此，具有地域文化元素的文创产品衍生品也是 IP 塑造的热门话题。例如，我国的故宫博物院对“乾隆帝”进行的文化 IP 设计及日本的熊本县旅游文创 IP 设计。

如图 5-2-5 所示，故宫蕴含着丰富的传统文化与旅游资源，历史的沉淀使故宫文化沉稳大气，却也缺失了活泼亲民的特质。为使消费者在故宫旅游时感受到亲切之意，故宫文创设计团队以“乾隆帝”为形象进行故宫旅游文创产品 IP 设计，故宫文化 IP 的形象塑造以故宫历史文化为原生文化进行，运用现代人的生活方式与古代皇帝的形象相结合，将庄严肃穆的皇帝形象变得生活化，拉近了消费者与故宫文化之间的距离，让深沉的历史文化不再冷冰冰，以充满人情味的方式转化了文化的内涵。

如图 5-2-6 所示，日本熊本县的旅游文化形象 IP 熊本熊是典型的旅游文创产品 IP 塑造成功案例。熊本熊的诞生及它日常的动态发布为熊本县吸引了大批的游客，带动了整个熊本县旅游经济的发展，并且衍生出大量的文化创意产品，借助其 IP 的时代特征带动了文创旅游产品产业链的发展。熊本熊的形象是根据当地旅游文化特色来设计的，其黑红白的标准色也是选择了当地带有地域性的色彩，其宣传方式借助了新媒体与观众之间的交互性并取得了巨大的成功。

我国不同地域的独特文化及经济发展带动的旅游业的兴起，都为旅游文创产品行业带来了源源不断的新鲜活力。在旅游文创产品塑造时，一些极具潜力的地域文化 IP 能够激发出更多的设计活力，这也足以说明，基于这些优质文化的丰富资源，通过文创与 IP 塑造融合，能进一步扩大旅游文创产品的品牌效应与市场影响力。

图 5-2-3　安徽省地方传统戏剧 IP 形象设计
（图片来源：邱语自制）

图 5-2-4　MM 豆 IP 形象
（图片来源：李鸿祥自摄）

图 5-2-5　故宫“乾隆帝”IP 形象
（图片来源：李鸿祥自摄）

图 5-2-6　日本熊本熊 IP 形象文创产品
（图片来源：李鸿祥自摄）

从各类案例中可以得知，在塑造旅游文创产品 IP 时，在设计内容上应当选取带有趣味性、地域识别性的内容来进行创作改造，选取的文化内容应当能够适用于各类文创产品，丰富当地旅游文创产品的品种类别。旅游文创产品设计 IP 塑造应当遵循以下三点原则。

（1）在设计对象上选取高辨识度的内容。旅游文创产品必须基于原生文化进行原创设计，其载体也是多样性的文创产品。这就要求 IP 设计对象需要具有高辨识度，确保消费者能够轻松理解产品想要传达的文化信息。高辨识度的 IP 往往具备独特的外形和代表性特质，因此在选取创作对象时，需要深入挖掘并筛选原生文化的精髓。例如，江西旅游文创品牌萍乡傩面具 IP 就是典型案例。

如图 5-2-7 所示，江西旅游文创品牌萍乡傩面具 IP 的设计灵感源自江西萍乡独特的傩面具文化。设计师将傩面具的特色与卡通化形象相结合，创造了一个兼具传统文化底蕴与现代趣味性的 IP 形象。傩面具作为江西民间艺术重要的组成部分，造型独特、地域特征鲜明，是萍乡文化的象征。在设计中，面具的色彩与形状被提炼并融入卡通角色，强化了傩面具的立体感和装饰性细节，同时通过夸张、亲和的表现手法，使其更符合年轻消费者的审美偏好。该 IP 形象不仅传递了萍乡地方文化，还借助现代艺术风格增强了吸引力，成为人们了解萍乡旅游文化的生动载体。通过这样的设计，萍乡傩面具 IP 不仅能够有效推广当地的历史文化遗产，还能引起游客与消费者的兴趣，打造具有品牌识别度的旅游文创产品，从而进一步推动江西旅游文化的传播与创新。

（2）在设计外形上赋予个性鲜明的特征。在进行旅游文创产品 IP 塑造时，好玩有趣、个性鲜明的外表更容易拉近与消费者之间的距离，高价值的文化 IP 往往都具有可爱轻松的“皮相”，例如，“畲乡赋”畲族旅游文创品牌中对畲族人物形象的设计。

如图 5 2 8 所示的“畲乡赋”畲族旅游文创品牌 IP 塑造，选取畲族人物形象和特色服饰，结合现下流行的表情及网络用语设计成系列表情包。该作品是传统与现代的结合、设计与文化的交融，不仅产生了鲜明的对比，也赋予了旅游文创产品鲜明的性格特征，使 IP 形象变得有情有义，拉近了消费者与地域文化之间的距离。

（3）在价值理念上选择有态度的价值观。塑造一个成功 IP 形象其价值观的定位是很重要的，IP 的自我价值如果不够积极，会使整个品牌形象不够丰满，传达出来的情感不够浓厚。人们衡量一个 IP 是否能够被成功塑造，大众的认同感是重要因素，具有正面的影响力是获得大众认同的关键。在塑造旅游文创产品 IP 形象时，要赋予其文化的内在价值，例如，“金火燎原”瑞金乡村旅游文创产品设计中对其 IP 所蕴含的精神进行了转化。

如图 5-2-9 所示，“金火燎原”瑞金乡村旅游文创设计是针对红色革命老区瑞金的旅游文化进行开发塑造的，瑞金作为我国红色革命精神的发源地，蕴含了大量的精神内涵，如革命先烈们不忘初心、砥砺前行的精神，将这些精神与文创产品相结合，有利于 IP 塑造时与消费者之间产生情感上的共鸣，并有利于推广中国红色革命精神的伦理内涵。

综上所述，借助 IP 塑造来进行旅游文创产品设计是当代旅游文创产品市场面临的一大机遇，只有处理好旅游文化与 IP 塑造之间的关系，通过 IP 的传播对旅游文创产品进行解读，让设计师认识到地域性文化的可发展性和创新性，让消费者感受到旅游文创产品的亲和力与趣味性，以更加贴近消费者心理的方式传播优秀的地域性文化，才能带动旅游经济的发展，从而传播我国的优秀文化。

图 5-2-7　江西旅游文创品牌萍乡傩面具 IP 设计
（图片来源：毛珺自制）

图 5-2-8　“畲乡赋”畲族旅游文创品牌人物设计
（图片来源：张田自制）

图 5-2-9 “金火燎原”瑞金乡村旅游文创产品设计
（图片来源：黄诗琪自制）

5.2.1 实现文化产品化

近年来，由于经济的发展使社会节奏越来越快，人们在紧张生活的同时渴望寻求更多精神上的慰藉，尤其是通过旅行来放松身心。也有越来越多的年轻设计师对传统文化的再创新进行研究，旅游文创产品设计本质上就是将地域文化进行文化变现，将传统文化结合现代设计的手法通过文创产品进行转化，以此来实现文化的产品化，让记忆中已经脱离现代生活环境和使用场景的地域文化重新鲜活起来，使它们再次与现代生活接轨。

在选取地域文化进行产品化设计时，首先要精准定位出具有地域特征的元素，如当地的特产和具有传统文化内涵的手工技艺，要使这些质朴、传统的文化再次焕发出新的活力，就要将其与现代产品相结合，即要注重图 5-2-10 所示的流程。

在创新旅游文创产品的过程中，将旅游文创产品的包装产品化也是重要的关键点。使旅游文创包装做到既可以使用也实用，才能够达到旅游文创产品全方位产品化的状态，例如，兰州地域特产百合包装的设计。

如图 5-2-11 所示，将兰州地域民间风俗文化元素刻葫芦与兰州特产百合包装相结合，增加环保理念的同时将普通的文创产品包装进行了产品化处理。

5.2.2 旅游文创产品系统化

旅游文创产品的衍生品要脱离单一出现的局面才能够使消费者感受到文化的完整性，体会到其中蕴含的精神内容，这就要求在进行文创产品设计时将文化元素按照不同地域文化的类别进行提取，并将文创产品以系列的方式呈现在消费者眼前，例如，“金火燎原”瑞金乡村旅游文创产品设计中对瑞金红色革命元素的提取及文创设计。

如图 5-2-12 所示，为了将瑞金红色旅游文创产品设计系列化，在元素提取上要选取具有代表性和统一感的文化元素，“金火燎原”特产包装系列首先提取了瑞金当地的红色建筑作为主要图案元素，再将当地富有地域文化特色的舞龙舞狮元素进行转化作为辅助图案，设计出瑞金土特产系列包装（图 5-2-13）。

发掘旅游地域文化
↓
创新旅游文创产品设计
↓
互联网推广及运营
↓
文化融入生活

图 5-2-10 文化产品化流程
（图片来源：黄诗琪自制）

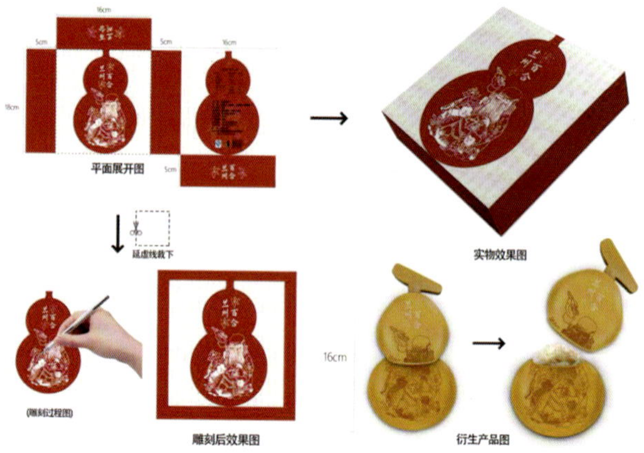

图 5-2-11 兰州地域特产百合包装元素提取及产品展示图
（图片来源：王明哲自制）

图 5-2-12 “金火燎原”瑞金乡村旅游文创产品元素提取
（图片来源：黄诗琪自制）

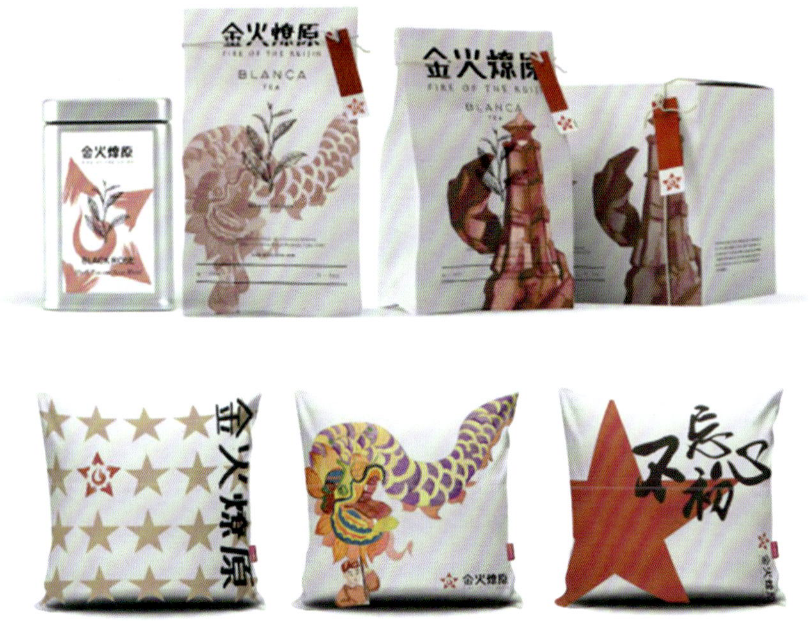

图 5-2-13　“金火燎原”瑞金乡村旅游文创产品设计
（图片来源：黄诗琪自制）

5.3 文创产品的品牌塑造

文创产品的品牌塑造

从字面意义上来说，“品牌是一个名称、标识、符号、设计或是所有的组合，用来区分不同的产品或服务”。这是美国市场协会对品牌的定义，但是在现代设计中品牌不仅只是名称或符号，它还包含着许多文化因素，同时，也是消费者对产品情感寄托与感官偏好的综合体现。一个品牌的塑造需要整体统一的元素设计与一系列的品牌规划，以及以文化为核心的相关衍生品的研发，基于这些因素，对旅游文创产品进行品牌塑造是保护文化、增加旅游文创产品辨识度的最好方式。

图 5-3-1　POP MART 文创品牌
（图片来源：李鸿祥自摄）

如图 5-3-1 所示，POP MART 是近年火爆的文创品牌泡泡玛特的英文名称，泡泡玛特作为新兴的文创品牌，与传统品牌相比，它的核心价值是其产品所注入的创意与文化内涵，并且作为文创品牌，泡泡玛特除文创衍生品外，还涉及许多商业模式，是现代文创品牌的成功范例之一。

如图 5-3-2 所示为诺仕达集团的品牌 Logo。诺仕达集团是以旅游文化产业为主的文化创意品牌，其旗下有“七彩云南”“南亚风情园”等著名旅游文创品牌。诺仕达集团品牌还设置文创空间在大型商场与人口密集的商业街中，是文创品牌中良好的品牌塑造的范例，也给予了旅游文创产品走出景区，令品牌成为另一种旅游目的地的机会。

NORTH STAR
諾仕達集團

图 5-3-2　诺仕达集团文创品牌形象
（图片来源：李鸿祥自摄）

文创品牌是文化创意产业中的一个基本单位，旅游文创品牌的塑造也是重要的环节之一，其中地域文化是产品研发的重点，需要设计者以地方特色物质文化与非物质文化为依据，使品牌具有地方文化精神内涵与当地地域文化元素特征。对旅游文创产品进行品牌塑造可以为地域文化以及文创产品带来更强的竞争力，同时，塑造旅游文创产品品牌也可以使产品的设计研发有更加整体的规划，通过品牌定位及推广能够精准锁定设计受众群体，对受众群体的调研也能够使品牌设计方了解到产品的购买需求，跟进市场情况，顺应市场的产品规划。一个良好的旅游文创品牌，通过对文化内核的深入挖掘，能够将地域文化特征完整地弘扬出去，能够吸引更多的消费者对文化产生认同感，从而对当地经济产生良好的影响。

5.3.1 树立旅游文创品牌意识

（1）统一品牌视觉符号。旅游文创产品作为旅游所在地物质文化与非物质文化的内涵的体现，凝结的是当地人民数千百年来的智慧与心血，而建立品牌、树立品牌意识就是保留这些文化精髓的最好方式。旅游文创品牌作为一个文化符号，能够将视觉符号与文化符号统一留存在消费者脑海中，而统一的视觉符号就是消费者进行记忆联想的线索，能使消费者在当下眼花缭乱的旅游文创产品类目中选中特定的产品。

如图 5-3-3 所示的赣傩面具系列将傩面具作为赣区旅游文创品牌的统一视觉元素进行提取，亮点是复刻赣傩面具形象并结合流行的用语含义，参照现代表情包模式的视觉形象对主要颜色和纹样进行全新并充满趣味的转译，其中视觉元素的提取采用了竹青色、肉粉色及月蓝色作为色彩搭配。

如图 5-3-4 所示，在视觉形象的提取中选择具有代表性的傩纹样，并采用纹样优化的形式对原本的纹样进行对称、重复、旋转等艺术手法的处理，设计出具有张力的视觉纹样，再与旅游文创产品相结合。

如图 5-3-5 所示，以统一风格的视觉符号融入赣傩旅游文创产品扑克牌系列中，以傩文化的面具形象及富有层次感的纹样营造出具有趣味性且轻松愉快的扑克氛围，达到对品牌视觉元素物尽其用的目的，统一的傩面具形象作为赣傩旅游文创品牌的视觉符号能够使消费者在看到产品时对傩文化进行对应的联想，并且通过艺术化手法处理的卡通傩面具形象具有一定的趣味性，符合扑克牌文创产品的特征，增加了文创产品与品牌之间的良性互动，为品牌添加了更为独特的传播属性及创意效果，提升了品牌的艺术效果及实用价值。

（2）旅游文创品牌定位。旅游文创品牌在文化创意产业中占据十分重要的地位，其与商业品牌的区别主要体现在旅游文创品牌的文化核心上。旅游文创品牌更加注重的是精神的传递与文化的继承，一个成功的旅游文创品牌一定有其独有的精神文化作为支撑内核，能够围绕地域文化进行精准的产品定位，使品牌具有强烈的可识别性，并且能够引导消费者的消费偏好，从而使消费者对陌生的文化产生认同感。也是这种精准的品牌定位，能够使旅游文创产品在同级别的商品中脱颖而出，增加自身品牌的市场竞争力。

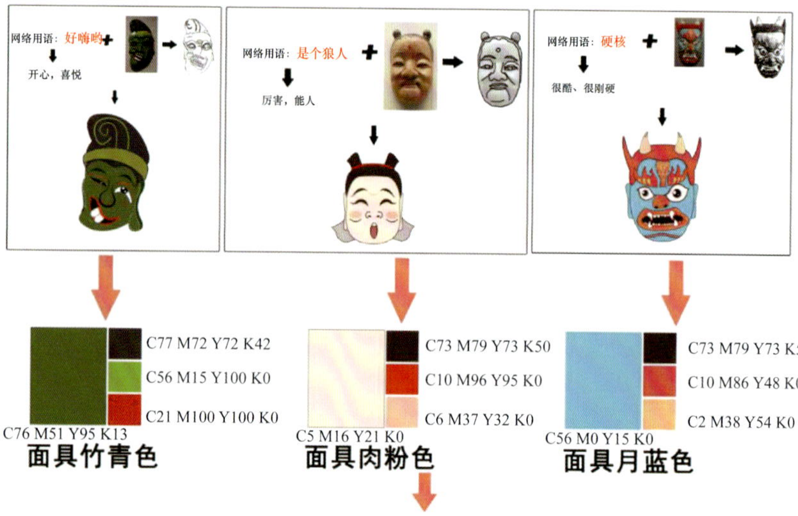

图 5-3-3 赣傩面具系列视觉形象提取设计
（图片来源：回旋自制）

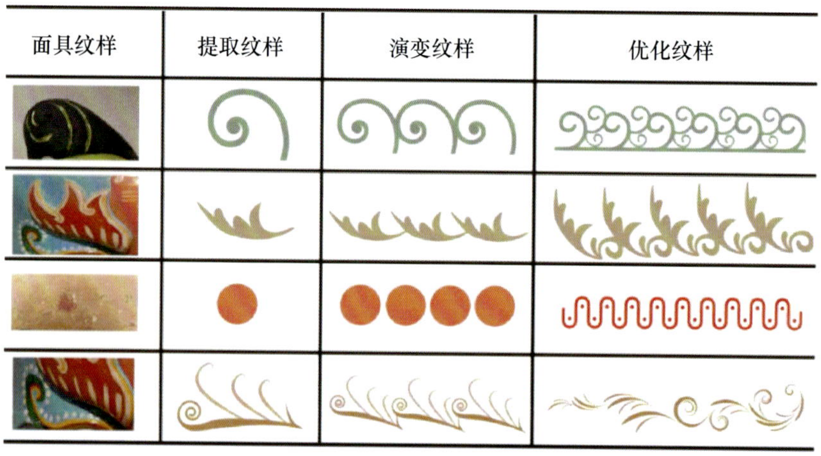

图 5-3-4 赣傩系列视觉纹样提取设计
（图片来源：回旋自制）

如图 5-3-6 所示，在赣傩旅游文创品牌的定位过程中，设计者将赣傩品牌定位成适用于年轻人的传统文化类的旅游文创产品，并选用了具有赣傩文化代表性的赣傩面具作为品牌形象的代表，考虑到年轻消费群体对色彩与图形的偏好，设计者选用了显性的视觉符号来作为品牌产品中的设计元素，采用了“重组式”的设计方式对品牌元素进行全新的诠释，主要体现在对赣傩元素的纹样转换上。由于赣傩面具独特的面部特征，具有较强的视觉冲击力，将其提取成为单个的纹样元素，运用拆分、对称、重复等拼贴方式重新组合纹样，不仅能够保留赣傩旅游文创的文化独特性，也能够适应当代消费者的审美观念。赣傩面具色彩的提取中，结合了色彩心理学与色彩搭配，将赣傩面具的主要配色提取出来，赣傩面具本身根据每个角色性格的不同会配置不同的色彩，这也是赣傩文化的隐性文化元素之一，在品牌塑造的过程中，原始的色彩搭配作为文化的来源之一具有很重要的意义。对纹样及色彩的重组传递了赣傩文化的传统艺术理念与赣傩地域文化的独特风情，呈现了赣傩旅游文创品牌的地域民族个性，并且能够使赣傩旅游文创品牌在同类品牌中脱颖而出，具有鲜明的品牌特征。

图 5-3-5　赣傩系列视觉形象旅游文创产品设计
（图片来源：回旋自制）

如图 5-3-7 所示，赣傩旅游文创品牌产品中的笔记本系列设计，采用了上述图表中提取的赣傩品牌符号。笔记本产品的书写功能占据产品设计本身的大部分，要吸引消费者的目光，就需要有独特的封面设计。在赣傩旅游文创笔记本的封面中采用了赣傩面具的独特元素，以及运用特殊的不干胶材质进行激光雕刻工艺，消费者可以将封面中的赣傩面具纹样撕下来重新组合，进行具有个人偏好的二次创作。在赣傩笔记本文创产品的设计中蕴含了赣傩文化的艺术理念，将赣傩面具个性鲜明的纹样与视觉显著的色彩注入产品中并结合吉祥寓意，产品的材质设计也增强了品牌与消费者

赣傩面具纹样图谱

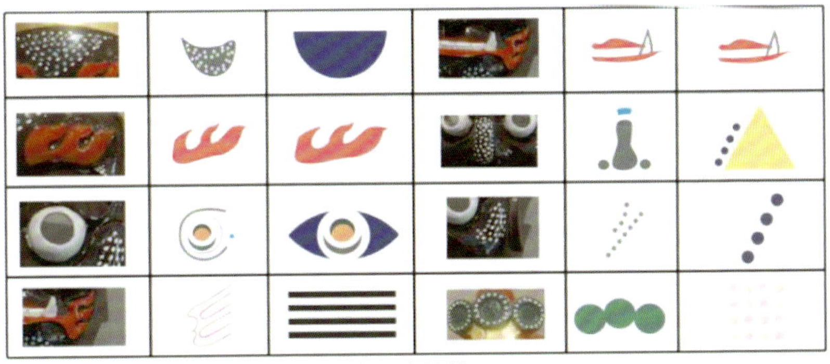

赣傩面具色彩图谱

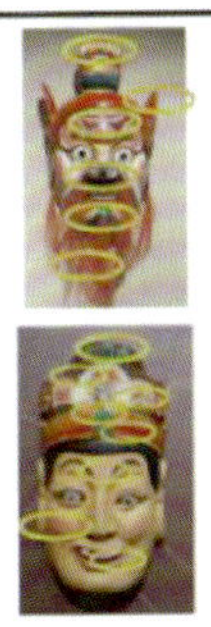

	类别								
	面具暖色类	C10	M86	Y48	K0	C3	M29	Y15	K0
		C11	M60	Y66	K0	C14	M10	Y74	K0
	面具冷色类	C71	M14	Y12	K0	C91	M91	Y12	K0
		C42	M69	Y0	K0	C77	M41	Y78	K2
	面具灰色类	C73	M63	Y61	K14	C55	M47	Y44	K0
		C84	M80	Y76	K62	C8	M10	Y8	K0

图 5-3-6　赣傩旅游文创品牌元素提取
（图片来源：回旋自制）

图 5-3-7　赣傩旅游文创品牌元素提取
（图片来源：回旋自制）

之间的互动感，使得赣傩文化更容易融入消费者的生活中，从而产生潜移默化的影响，让赣傩旅游文创品牌适应现代消费者的生活方式，从生活的角度精准定位品牌，发挥旅游文创的文化弘扬功能。

（3）引发消费者情感共鸣。旅游文创品牌的核心理念之一就是向消费者传递旅游所在地的精神文化，而想要消费者对文化产生认同感就需要品牌与消费者之间有良好的沟通，利用旅游文创产品使消费者产生情感共鸣，在精神上打动消费者，就是传播文化、做到文化渗透的途径之一。

如图 5-3-8 所示，赣傩旅游文创品牌在营造情感化的旅游文创产品时选取了赣傩舞蹈作为设计元素进行提取，傩舞的舞姿具有张力，且有浓厚的民族色彩，具有强有力的情绪感染力。选取赣傩文化中傩舞的动作形态及傩舞造型中人物衣着的原始色彩作为品牌设计元素，用卡通化的艺术手法将傩舞造型与原始色彩进行搭配归纳，能够使消费者更加易于接受具有亲近感的傩舞造型，更快地产生情感上的联结。

如图 5-3-9 所示，将赣傩舞蹈元素用对比强烈的色彩及夸张的卡通造型体现出来，以底纹与表情结合的形式再融合到旅游文创产品中。

如图 5-3-10 所示，将上述元素运用在赣傩旅游文创产品的水果干包装设计中作为包装装饰主体，展现赣傩元素的独特魅力，在包装的材质及工艺上也采取环保可回收的绿色材料，既环保也可作为上色卡纸，增加了与消费者之间的情感互动。

赣傩旅游文创品牌通过与消费者建立情感互动来达到以品牌产品引发消费者情感共鸣的目的，树立品牌的情感价值，使消费者在产生购买行为时能够第一时间联想到赣傩旅游文创品牌。

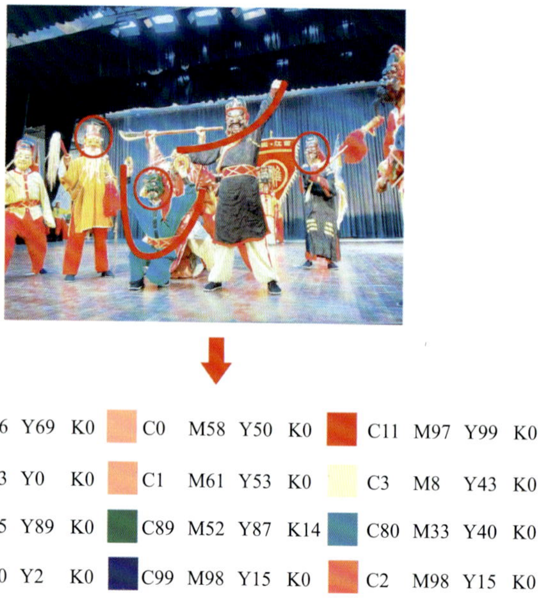

图 5-3-8　赣傩旅游文创品牌元素提取
（图片来源：回旋自制）

图 5-3-9　赣傩旅游文创品牌元素提取
（图片来源：回旋自制）

图 5-3-10　赣傩旅游文创傩舞系列产品
（图片来源：回旋自制）

5.3.2　实施旅游文创品牌战略

旅游文创品牌在现代市场中想要获得更好的发展，需要在企业经营中实施对应的品牌战略，品牌战略的实施会影响到旅游文创产品的发展空间和品牌在消费者群体中的口碑。因此，旅游文创产品需要借助一定的品牌战略来完善自身及提升旅游所在地的文化价值（图 5-3-11）。

在“互联网＋”的时代背景中，消费者的信息获取渠道大多来自网络，旅游文创品牌在实施品牌战略时要注重营销模式的创新，受众以微博、微信朋友圈等自媒体为主要信息平台，在进行旅游文创品牌建设时要针对当下的消费者心理来树立品牌意识，想要扩大旅游文创品牌的影响力就需要借助新媒体的营销。微博、微信及淘宝网等的普及让旅游文创产品不局限于某个地域，而是以更加快速、更加广阔、更加灵活的方式走入了千家万户，让人们了解旅游文创品牌的同时也增加了购买渠道，形成了推广加营销的良性循环。

如图 5-3-12 所示，故宫文创品牌，在淘宝及微博都有自己的自媒体频道，其中，淘宝店“故宫淘宝——来自故宫的礼物”创建于 2008 年，至今已有几百万粉丝，其中以故宫元素为设计主体的文创产品受到了消费者的一致好评。

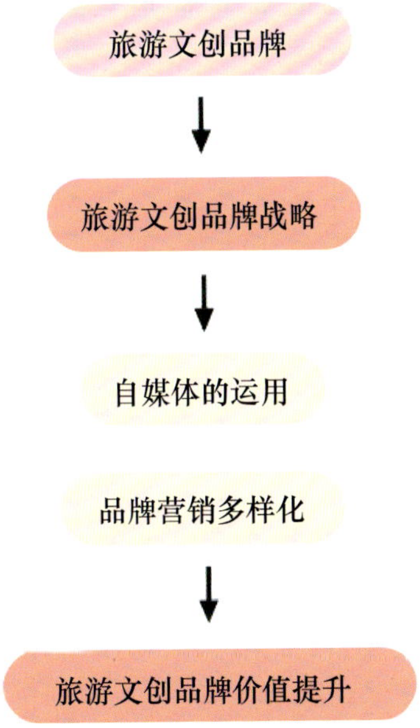

图 5-3-11　旅游文创品牌战略框架
（图片来源：黄诗琪自制）

图 5-3-12　故宫淘宝网页设计——来自故宫的礼物
（图片来源：李鸿祥自摄）

拓展阅读

用户体验在文创产品设计中的重要性

随着消费者需求的变化，文创产品设计越来越注重用户体验。用户体验设计就是在产品设计过程中，充分考虑用户的需求和感受，确保产品不仅在视觉上吸引人，更能在使用上做到方便舒适。例如，在设计文创产品时，产品手感的舒适性、操作的便捷性及对不同人群需求的适应性，都是设计师需要重点考虑的方面。良好的用户体验不仅能有效提升产品销量，还能显著增强品牌的用户忠诚度。

文创产品的环境友好型设计

随着人们环保意识的增强，文创产品的设计不仅要注重文化内涵，还需考虑对环境的影响。如今，环保材料的应用和可持续设计理念在文创产品中逐渐得到推广。例如，使用可降解材料、环保印刷技术和低能耗生产工艺，既能减轻环境负担，又能满足消费者日益增长的可持续消费需求。这种环境友好型设计不仅能让文创产品在市场中脱颖而出，还能为环保事业贡献力量。

本章小结

本章主要针对旅游文创产品的用户心理分析和旅游文创产品的 IP 塑造方面对旅游文创产品的设计要点进行阐述。首先从用户心理的本能层次、行为层次及反思层次出发，通过这三个层次对用户心理需求进行分析，在本能层次方面把握住旅游文创产品的功能性，在行为层次方面把握住旅游文创产品的安全性，在反思层次方面把握住对旅游文创产品的人性化设计，通过这些要点分析能够在设计旅游文创产品时挖掘用户与产品之间更加紧密的联系。其次通过 IP 塑造将文化与消费者建立联系，选取旅游原生文化中具有代表性的形象加以创作，使其拥有更加鲜活的生命力，为旅游文创产品赢得粉丝基础，通过 IP 的打造树立正面的品牌形象，从而将旅游文创产品成系列和规模地创造出来，通过建立与消费者之间更加紧密和人性化的联系来抓住旅游产品设计的要点。

思考与练习

1. 单项选择题：在文创产品设计过程中，最重要的是（　　）。

A. 产品的功能性　　B. 文化元素的融入与创新

C. 产品的生产成本　　D. 产品的外观设计

2. 单项选择题：下列选项中，不属于文创产品设计基本要点的是（　　）。

A. 融入现代技术　　B. 提升文化价值

C. 最大化成本控制　　D. 兼顾环保性

3. 单项选择题：在文创产品设计要点中，考虑消费者需求的重要性主要体现在（　　）。

A. 产品的价格　　B. 产品的使用体验

C. 产品的生产工艺　　D. 产品的市场广告

4. 判断题：文创产品设计的成功，需要在艺术性与实用性之间找到平衡。（　　）

5. 判断题：良好的文创产品设计，不仅能传播文化，还能提升消费者的品牌认同感。（　　）

习题答案

综合实践

1. 经典作品分析

题目：分析“敦煌艺术文创产品”系列，探讨其如何平衡艺术性与实用性，并使其具备市场竞争力。

要求及要点提示如下。

（1）分析敦煌艺术元素如何通过现代设计语言转化为文创产品，探讨其艺术价值与功能性的结合。

（2）讨论这些文创产品如何在市场上取得成功，特别是在国际市场中的表现。

（3）探讨设计过程中如何运用现代设计方法提高产品的实用性、舒适性和美学价值。

2. 创作实践

题目：设计一款以“文化传承与创新”为主题的文创产品，可以是家居用品、文具、服饰等。

要求及要点提示如下。

（1）设计要充分考虑文创产品的文化传递功能和实用性，能够在现代生活中发挥作用。

（2）要结合本地文化特色，通过创新设计来吸引现代消费者。

（3）设计时要考虑材料、生产工艺、成本控制等因素。

第 6 章　文创产品的研究价值

本章导读

本章探讨了文创产品的研究价值与商业价值。文创产品不仅是普通商品，更是文化传播与价值传承的重要载体。通过深度挖掘和研究文创产品，可以推动地方文化的传播，提升文化自信，并促进商业价值的实现。

学习目标

1. 了解文创产品的研究价值，探讨其在文化传承、创新和经济发展中的作用。

2. 分析文创产品研究对地方经济和文化自信的促进作用。

3. 认识到文创产品研究具有跨学科特点，需要融合设计、文化、市场等多方面知识进行创新。

文创产品研究不仅是市场营销与设计学的融合，还是文化传承与创新的桥梁。通过这一研究，学生能够深入理解文化产业与国家经济、社会发展之间的紧密联系，从而激发家国情怀，增强社会责任感，推动我国文化产业在全球化进程中拥有更高的参与度和更大的话语权。

■知识结构图

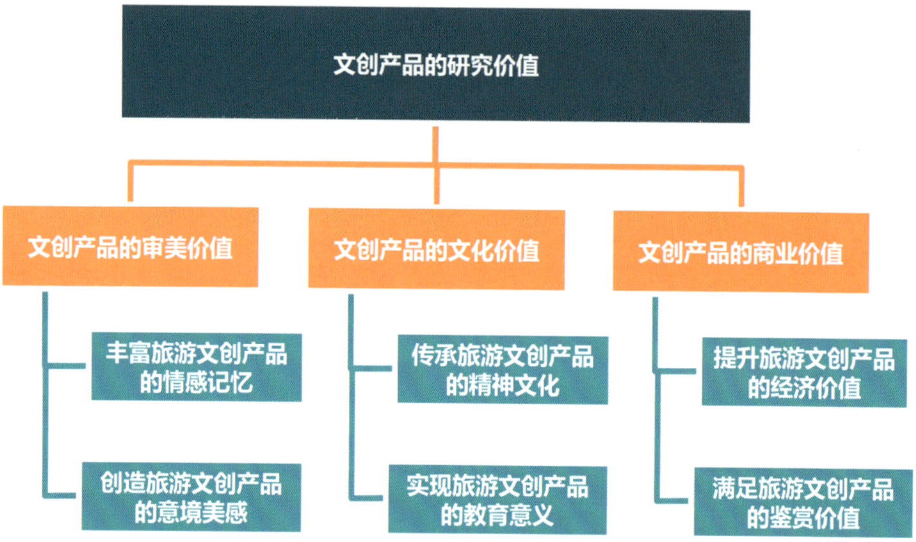

旅游文创产品设计是我国文化创意产业中作为中华文化物质载体的重要环节，我国可待开发的旅游文化资源众多，旅游文创产品作为地域文化形象符号，其研究价值相当广泛，旅游文创产品设计的推广，对旅游所在地文化的弘扬、旅游景区的氛围营造乃至当地的经济发展都有着重要的作用。对旅游文创产品的研究价值进行分析，可以在设计时找到满足人民群众精神需求及物质需求的重要突破口，进而设计出符合当下社会环境并具有时代意义的旅游文创产品。

本章主要学习文创产品的价值。深刻了解旅游文创产品的价值，才能在进行设计元素提炼时准确捕捉到具有地域文化精神内涵的文化元素，并且设计出符合现代审美要求的作品。本章学习框架主要分为对旅游文创产品审美价值、文化价值与商业价值的学习，以及对应的旅游文创产品案例分析。只有深刻了解旅游文创产品的价值内涵，才能设计出真正具有价值的旅游文创产品（图 6-1-1）。

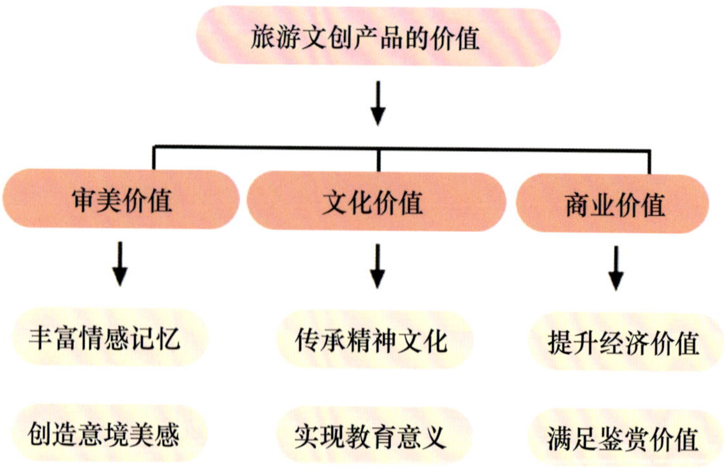

图 6-1-1　旅游文创产品的价值学习框架
（图片来源：周靖康自制）

6.1 文创产品的审美价值

文创产品的审美价值

旅游文创产品是基于文化创新的产品，在外观设计上要比普通产品更具有审美价值，使消费者可以通过产品的外貌和传达出来的精神感受到形式与文化的美感，并以此提升旅游文创产品的整体价值。因此，在设计旅游文创产品时，首先要从以人为本的观念出发，对其审美价值进行分析并提出对应的设计方案。从人的审美的过程来看，它首先体现在消费者对旅游文创产品的外形、联想、色彩及感官体验上；从产品的审美价值上看，则体现在其附带的情感及对原生文化的还原度表现上。要提升旅游文创产品的审美价值，就需要准确分析大众的审美追求，再将其与旅游文创产品相结合。

缺乏审美价值的旅游文创产品通常都违背了消费者的审美意愿。消费者的审美意愿与旅游文创产品的审美价值之间存在着两种情况，一种是批量化生产下诞生的旅游文创产品，此类产品往往无法满足消费者的审美期待，其设计手法及制作工艺没有针对原生文化的精髓进行提取，不能使消费者身临其境地体会到旅游所在地的文化底蕴，很难激发出消费者对文创产品的兴趣，使文创产品缺失了审美价值；另一种是旅游文创产品一味追求当下的潮流，迎合大众化的审美，在设计时不考虑文化元素与文创产品之间的契合度，丢失了原生文化呈现在旅游文创产品中的意境美感，这样的旅游文创产品虽然能一时引起消费者的关注，但缺乏艺术性，很难长久地保留住消费者的喜爱。

在旅游文创产品设计的过程中，要巧妙地将地域文化中美的元素与旅游文创产品进行融合，消除消费者对旅游文创产品单一样貌的疲劳感，将旅游文创产品的原生文化与人们的日常生活紧密联系，让消费者通过日常使用来真切感受到其外形的美、内在的美及诗意的美，使普通的生活类旅游文创产品也具有文化的美感。

如图 6-1-2 所示的徽派建筑元素瓦当纹样的提取。徽州瓦当不仅是建筑物的挡雨之物，其独特的工艺技术与精致的花纹也独具审美特性，通过对瓦当的样式与文创产品相匹配，再保留其具有传统韵味的纹样，将二者结合设计出现代生活类旅游文创产品——徽派建筑元素食品保鲜夹，在其功能性完好的基础上为单调的生活类文创产品增添了审美价值，使消费者在使用过程中充满了生活情趣。

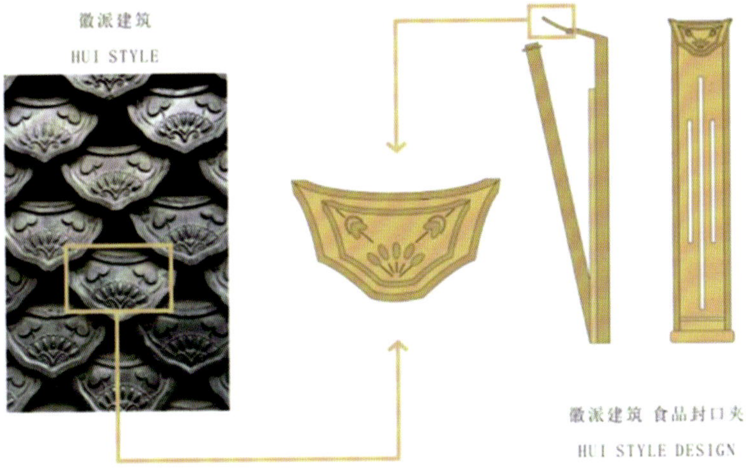

图 6-1-2　徽派建筑元素瓦当纹样的提取
（图片来源：黄诗琪自制）

要进一步丰富旅游文创产品的审美价值，不能只停留在对潮流的追赶及单纯的外表呈现上。在满足大众审美的同时，也要利用消费者对旅游所在地的情感记忆，以及旅游所在地原生文化的意境美感来吸引消费者的目光，只有如此才能使旅游文创产品的审美价值得到艺术性和创新性的层次提升。

6.1.1　丰富旅游文创产品的情感记忆

丰富旅游文创产品的情感记忆是提升旅游文创产品审美价值的重要环节。在文化创意产业中，旅游文创产品作为商品能够飞速发展的原因在于其功能性不仅是为了市场流通，也是为了体现人文情怀；从某种层面上来说，旅游文创产品即旅游纪念品，其承载的是人们在各地旅行时留下的记忆及对当地美景和人文产生的丰富情感，消费者购买旅游文创产品也是为了将这些情感借助产品表达出来。而设计师在塑造旅游文创产品蕴含的情感记忆时，就需要了解大众对旅游所在地的情感需求，结合实际的场景及现代的表现手法，并借助视觉符号将这些元素转化为文创产品设计，从而提升旅游文创产品的审美价值。在提炼旅游文创产品原生文化中的情感记忆时需要注重以下两点。

（1）注重情感记忆元素的还原性。在旅游前期，人们要去往一个陌生的地方进行短期生活时，心理上会充满期待和向往，对即将要去的地方在思维层面上构建出一个美好的形象。在亲身经历旅行之后，购买旅游纪念品或是想要将这种美好的情感传达给亲人、朋友时，旅游文创产品的样貌与消费者心里的美好形象不符合或是反差太大将会造成消费者的心理落差，也不利于消费者将这份美好的情感保存下去。以上这种情况就是旅游文创产品的还原性不够造成的，想要保证旅游文创产品元素提取的真实性，就需将其场景还原于旅游文创产品中。

情感记忆元素指的是旅游所在地会给消费者留下深刻印象的元素，或是比较著名的、可以引起消费者对未去到的旅游所在地感兴趣的元素。元素提取的还原性指的是对这些地域性文化元素的样貌进行真实的还原与描述。例如，将旅游所在地的特有文化及具有地域特色的事物融入文创产品。

如图 6-1-3 所示的“肥西老母鸡汤”安徽合肥传统名菜的文创元素提取过程，将安徽合肥传统名菜的原材料与有趣的地方方言相结合，利用圆滑的字体设计使标识具有亲切感，拉近了与消费者心理上的距离。标志则设计成卡通母鸡的造型，使消费者在看见包装时就能感受到对“肥西老母鸡汤”的记忆还原性。

将旅行者记忆中的场景还原在旅游纪念品中，再搭配对场景的介绍及当地事物和食物的描述，使人感觉身临其境，营造出情感记忆上的还原；将地方性的食物还原于可购买携带的包装文创设计中，使消费者即使不在现场也能够享有置身其中的美好体验。作为旅游文创产品审美价值中的情感记忆元素，还原其真实面貌是非常重要的。

情感记忆元素的转化过程，是对地域文化及地域美景的解构再塑造过程。元素提取的还原性是一个强调与原生文化客观存在相符合的范畴，其意义在于旅游文创产品自身蕴含的内容需要具有真实性，产品本身需要具有真情实意的体验感。好的旅游文创产品应该能够让消费者在旅行结束之后，通过产品进行记忆联想，从而回忆起在旅游所在地看见的点点滴滴和留下的美好回忆。

（2）多样化艺术手法转化情感记忆。在旅游文创产品的呈现上应当采用丰富多样的艺术化手法，在保留其还原性的同时增加艺术性和神秘感，刺激未去过当地的消费者产生想要亲身体验当地风土人情的欲望。可以通过照片＋文字、手绘、漫画、绘本等形式将景物与文创产品结合或对当地著名场景进行二次创作，描述旅游所在地的神话传说，为消费者营造一种具有民族风情的情感联想，从而达到利用多样化的艺术表现形式增强旅游文创产品情感记忆的目的。

如图 6-1-4 所示的“傩文化”傩面具旅游文创产品设计，“傩面具”在其原生文化中的用意在于驱鬼逐怪，由于其面目较为狰狞不适用于日常生活类文创产品，在手绘转化中将“傩面具”元素原本尖锐的棱角进行圆滑处理，搭配柔和温暖的色彩增强其亲和力，使其以易于接受的形象重新与大众见面。通过元素提取的方式将其卡通化之后与胶带文创产品融合，既能满足胶带的功能性，也能使“傩面具”文化元素在旅游文创产品中赢得消费者情感上的认可。

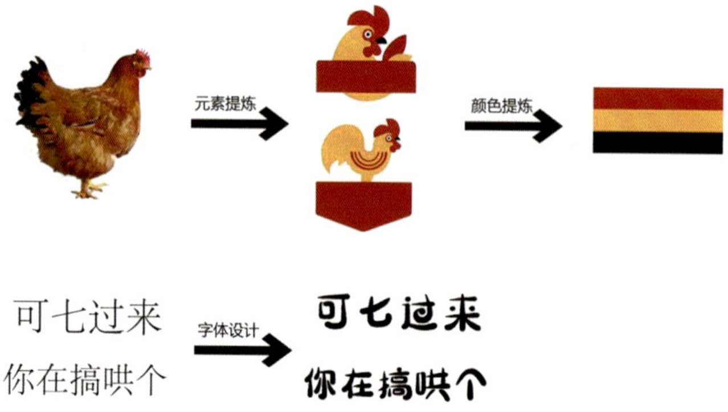

图 6-1-3 “肥西老母鸡汤”安徽合肥传统名菜文创元素提取
（图片来源：邱语自制）

图 6-1-4 “傩文化”傩面具旅游文创产品设计
（图片来源：黄诗琪自制）

6.1.2　创造旅游文创产品的意境美感

意境美感通常借由旅游文创设计的外形、色彩、线条、图案等外部因素来构建，是具有象征意义和地域文化特色韵味的设计环节。通过意境美感的体现能达到旅游文创产品设计所要传达出的格调、意境及审美价值的提升。

在旅游文创产品设计中，图形的设计作为重要的视觉表现形式通常要承担视觉效果与意境体现的任务，要通过设计概括当地地域美景或历史文化的意境美，在元素选择上也多选用旅游所在地的山水文化与历史内涵进行提炼。

如图 6-1-5 所示，“羽仙记”新余仙女湖旅游文创产品设计 Logo 中将“仙”字作为设计主体，结合了新余仙女湖的山水特征，将轻柔的水波纹路融合在设计中，呈现山水环绕、如临仙境之感。新余仙女湖作为“七仙女下凡”民间传说的发源地有着著名的江南风格，在 Logo 设计中，采用丰富柔和的渐变色来体现其意境之美，也寓意着依山傍水的新余小城人文民俗的丰富多彩。标志的整体造型是字体设计与图形设计的有机结合，运用圆形作为山水环绕的象征，加上刚劲带有棱角的字体设计，形成“刚柔相济”的独特韵味。运用标志设计来表达旅游文创产品的设计理念，通过增强消费者心理上的感染力来达到对意境美感的塑造，从而提升旅游文创产品设计的审美价值。

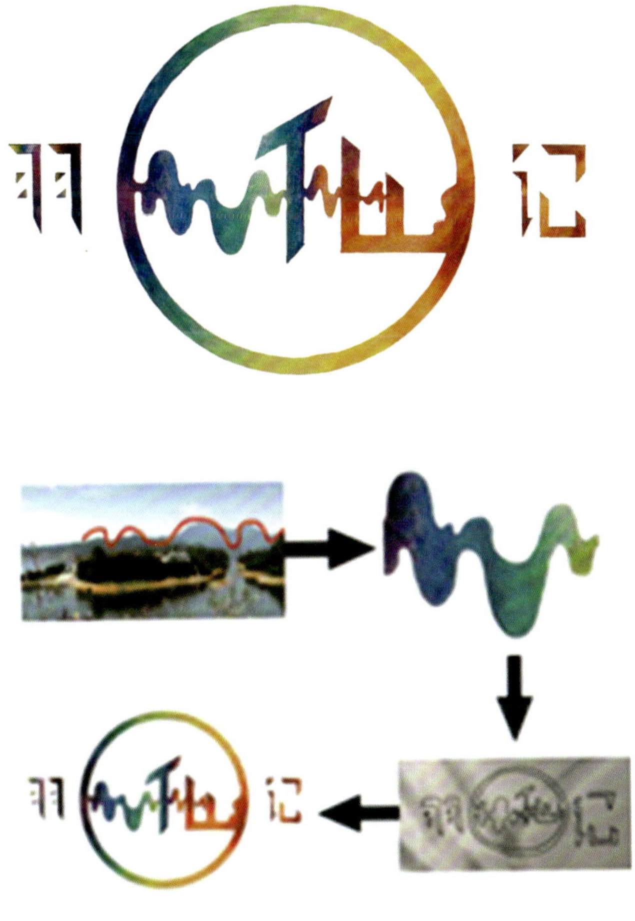

图 6-1-5　“羽仙记”新余仙女湖旅游文创产品 LOGO 设计
（图片来源：黄诗琪自制）

6.2 文创产品的文化价值

文创产品的文化价值

文化价值是一个涉猎甚广的范围，其价值范畴来自各地域的历史发展、各民族文化习俗之间的差异性，以及经过时间的变迁各地域文化的独特性。在我国传统文化中，有着许多值得传承和具有大量文化价值的内容，以四书五经为代表的儒家文化，其强调天人合一、修身齐家治国平天下的精神影响着世世代代的国人乃至全世界的人们；以哲学思维名扬四方的道家文化，其平和豁达的开放胸怀和古朴恢宏、神奇玄妙的独特魅力影响着世人的处世之道；以及中国传统文化中的《易经》《天工开物》等具有大量文化价值的历史书目都是中华文化的价值精髓。中华文化博大精深，也正是由于我国民族众多、地域辽阔，在不同地域诞生出来的不同文化相互碰撞，百家争鸣、百花齐放的结果。中国的审美形态在这样的文化熏陶下形成了对精神力量的重视，也正因如此，旅游文创产品设计作为文化设计的一种，应将这些精神文化的优良传统融入，将其与特定的传统文化与人文风俗结合在一起，使旅游文创产品能够满足市场需求的同时也饱含人文价值。

旅游文创产品作为地域文化的物质载体，本身就具有传承和开发文化价值的功能属性。在设计旅游文创产品时，深化其文化价值才能够在旅游文创产品中映射出每一座旅游城市的特色与灵魂。面对承载着丰富文化的辽阔土地，每一地域都有着自己丰富多彩的文化特性，如有齐鲁文化、巴蜀文化，以及江南水乡与豪迈奔放的蒙古草原文化等，要将这些灵动的文化气韵转化成物质体现，最好的方式就是将其融入旅游文创产品中，通过设计来展现中华地域文化的精神意义与教育意义，彰显旅游文创产品蕴含的文化价值。

6.2.1 旅游文创产品传承精神文化

通过旅游文创产品传承旅游所在地的精神文化是将地域文化内涵物质化的表现，它们需要基于本地特色文化元素来创作出能够满足消费者物质精神需求的产品，是实现文化商品化与地域精神内涵有机结合的重要途径。将精神文化注入旅游文创产品中，不仅要注重对旅游所在地代表性图案的提取，也要注重通过文字、各个地域的方言及谚语来进行文化符号的提取，并转化为多样化、唯一性的地域精神文化来与旅游文创产品进行融合，以此达到通过旅游文创产品设计传承文化精神的目的。

（1）选取具有唯一性的精神文化元素。精神文化元素的唯一性即指精神文化的独一无二性，作为旅游文创产品的映射对象，代表地域精神文化的元素内涵与其蕴含的审美特征必定会注入旅游文创产品的创作中，那么选取有代表性、能够被消费者一眼识别的元素就显得极为重要。精神文化的传承不同于旅游文创产品设计中的其他部分，具有丰厚文化积淀的旅游城市，其地域山水风貌元素、人文景观元素、民间风俗元素和民间技艺元素都能够通过对其图案、色彩和材质的提取转化到文创产品设计中，但是地域精神文化的内涵往往蕴含于当地基于历史时间沉淀下来的文字、谚语和方言中，这些具有地域唯一性的文化元素，才能真正传达出旅游地独一无二的精神文化内涵。

如图 6-2-1 所示，哈尔滨旅游文创“雪菇灯”冰雪文化元素提取后进行再设计。冰雪是哈尔滨特有的地域美景，房屋上厚厚的积雪形成“雪菇”的形象，将积雪与雪栅栏的外形提取出来形成文化元素符号，再将其融入哈尔滨旅游文创产品中，设计出了具有唯一性的哈尔滨冰雪文化元素“雪菇灯”旅游文创产品（图 6-2-2）。

地域美景作为只存在于某一地域的特色景观，是以当地独有的天气及地域地质经过时间的沉淀形成的非物质文化遗产，同时，也是不同地域的人们了解当地民风民俗的重要元素。在进行旅游文创产品精神文化提取时，哈尔滨的冰雪文化作为地域性文化的变体，带有浓厚的地域唯一性，是进行精神文化转化的首选元素之一。东北的冰雪美景在我国旅游市场中多有“雪乡”“雪国”之称，但其精神文化并不显著。随着网络媒体的发展，东北的冰雪美景不断被开发与传播，如哈尔滨的冰雪大世界、狗拉雪橇等文化元素都被全国人民所熟知和喜爱。将冰雪文化元素提取设计为“雪菇灯”，使用方式为模拟哈尔滨当地人民拍打积雪的方式轻轻拍打灯顶来点亮，以此来传达东北地域的精神文化，再将这些元素融入旅游文创产品设计中，以具有唯一性的地域元素展现东北地域的文化价值。

如图 6-2-3 所示的兰州地域文化元素腰鼓戏的元素提取过程，将兰州独有的民间戏曲元素腰鼓戏的形象提取为线性图案，选取腰鼓戏中鼓面的色彩元素融入包装设计中，打造具有兰州地域文化唯一性的兰州旅游特产包装文创设计。

如图 6-2-4 所示的兰州旅游特产“甘草杏”包装文创设计，将具有兰州文化识别性的腰鼓外形设计为包装造型，红色绸缎包装提手在符合人体工程学的同时与随包装赠送的衍生产品兰州腰鼓戏纹样的拨浪鼓呼应了兰州腰鼓戏中的造型特征，加强了旅游文创产品与消费者之间的情感互动，增加了产品包装趣味性的同时还强化了兰州的地域特征并增强了消费者的情感记忆共鸣。

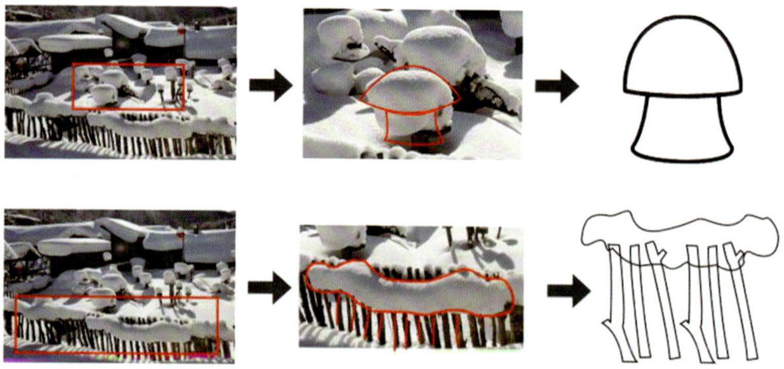

图 6-2-1　哈尔滨旅游文创“雪菇灯”冰雪文化元素提取
（图片来源：周靖康自制）

图 6-2-2　哈尔滨冰雪文化元素“雪菇灯”旅游文创产品设计
（图片来源：周靖康自制）

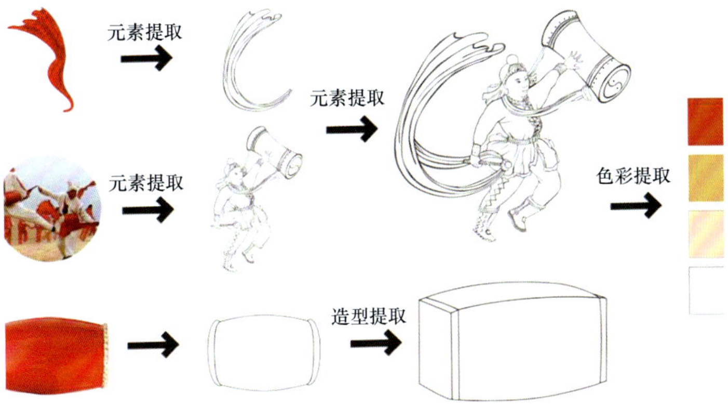

图 6-2-3　兰州旅游文创产品“甘草杏”特色美食的文创包装元素提取
（图片来源：王明哲自制）

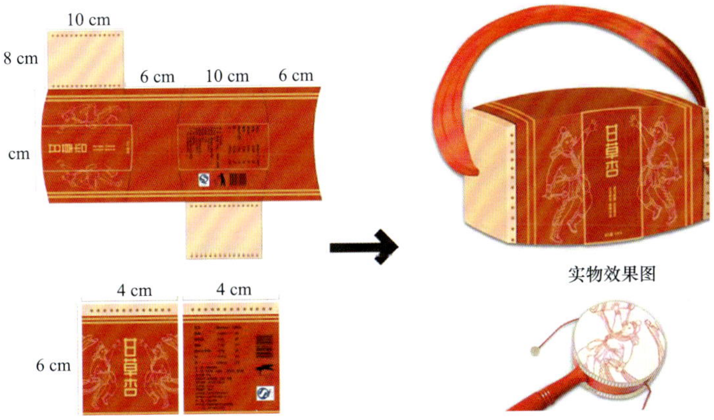

图 6-2-4　兰州旅游特产“甘草杏”包装文创设计
（图片来源：王明哲自制）

（2）旅游文创产品对精神文化元素的巧妙转化。在提升旅游文创产品的文化价值时，对精神文化元素的巧妙转换能够打造极具地方特色和代表性的产品。当消费者来到新的旅游目的地时，往往会被当地独有的、不同于其日常生活环境的精神文化所吸引。通过准确把握这些民俗文化的特征与内涵，将其符号元素与产品设计相结合，就能成功将地域精神文化融入旅游文创产品之中。例如，江西萍乡东傩文化之傩舞小夜灯的设计灵感来源于萍乡传统的傩文化，特别是其中极具代表性的傩舞元素。傩舞作为一种古老的仪式舞蹈，承载着浓厚的宗教色彩与文化背景，常被用来祈福、驱邪。为了更好地将这种传统文化融入现代生活并传播出去，设计师巧妙地将傩舞的舞者形象与现代生活用品相结合，创造了这款小夜灯产品。

如图 6-2-5 所示，本款小夜灯以傩舞为主题，通过将傩面具、服饰、动作等元素进行卡通化处理，形象生动且富有趣味，既保留了传统文化的神秘感和仪式感，又使之适合现代家庭的装饰需求。夜灯设计不仅体现了傩舞的动态美感，还通过柔和的灯光营造出温馨的氛围，使其既具文化内涵，又能满足现代消费者对家居美学的需求。通过这样的文创设计，傩舞这一传统文化元素在现代旅游文创产品中得到了巧妙转化，不仅让消费者在享受生活用品的同时感受传统文化的魅力，也使得这款夜灯成为连接精神文化与现代生活的桥梁。它不仅是一个照明工具，更是一件具有教育意义和文化传播价值的艺术品，能够帮助消费者更好地了解并体验江西萍乡的独特文化。

如图 6-2-6 所示，瑞昌剪纸折扇文创产品以江西瑞昌的传统剪纸艺术为灵感，通过现代化设计手法与传统文化元素的巧妙融合，成功将地方民俗文化转化为一款极具创意的文创产品。瑞昌剪纸艺术源远流长、风格鲜明，是当地文化的重要载体。设计师在创作过程中，不仅提炼了剪纸中的精美图案，保留了传统艺术的韵味，还在色彩、形态上大胆创新，最终使产品既传承了文化精髓，又符合现代审美和实用需求。扇面上的人物与花卉元素生动展现了瑞昌剪纸的典型特色，既富有艺术美感，又兼具实用性，让

图 6-2-5　江西萍乡东傩文化之傩舞小夜灯设计
（图片来源：汪玉婷自制）

图 6-2-6　瑞昌剪纸折扇文创产品设计
（图片来源：付宇航自制）

消费者在使用过程中感受深厚的地方文化。通过这款文创产品，游客和当地居民不仅能欣赏瑞昌剪纸艺术的独特魅力，还能将这一文化符号融入日常生活，感受瑞昌文化的深厚韵味。折扇的设计风格兼具现代审美与历史底蕴，既保留了浓郁的地方特色，又实现了传统剪纸艺术的现代化升华。这款折扇不仅是实用的文创产品，还承载着丰富的文化内涵，成为游客与地方文化之间的纽带，展现了旅游文创在精神文化传递方面的重要作用。

6.2.2　实现旅游文创产品的教育意义

在实现旅游文创产品文化价值升值的过程中，对旅游文创产品设计中教育意义的提升也十分重要。我国作为教育大国，从九年义务教育到成人高考，无一不在提升着全民族的文化程度，全方位增加我国的知识型人才，为国家的发展作长远的规划，旅游文创产品作为我国文化创意行业中的重要组成部分也承担着教育责任，这就要求设计师通过对我国不同地域社会民俗文化、人文风情，以及建筑景观中提取出的独具标志性元素与旅游文创产品相结合，把握它们的教育意义，将这些代表中华文明的文化符号及历史人文标志与现代设计相结合，创造出能够传承中华优秀传统文化并影响下一代的旅游纪念品。在进行旅游文创产品设计时，为了提升教育意义，应当从设计元素选取和受众群需求两个方面进行分析。

（1）设计元素应选取具有深刻含义的地域文化元素。以纸质类旅游文创产品为例，各地域的历史人文元素都能够设计成为具有教育意义的旅游文创产品，例如，江西南昌的著名古建筑滕王阁，作为江南三大名楼之一，始建于唐朝永徽四年（653 年），无数文人墨客以其为灵感作诗赋词。我国唐代著名文学家王勃“落霞与孤鹜齐飞，秋水共长天一色”的名句就是在滕王阁上诞生的，以其作为旅游文创产品的设计元素不仅具有丰厚的历史文化感，也独具教育意义。

如图 6-2-7 所示的滕王阁文创产品宣传海报设计，通过现代设计将滕王阁的形象以手绘的方式搭配中国风的山水作为辅助图形呈现在旅游文创产品宣传海报中，再搭配对滕王阁的历史解说，全方位向消费者呈现了滕王阁的历史全貌，使消费者即使不到现场也能够了解到江西名楼滕王阁的风采。此类旅游文创产品宣传海报的设计会大大激起人们对江西南昌历史人文的好奇与探索，也使南昌旅游文创产品的文化价值得以提升，丰富了旅游文创产品设计审美的文化意蕴。

（2）在旅游文创产品设计时要针对受众群体的不同年龄层次来设计具有教育意义的旅游文创产品。在旅游途中，幼龄儿童也是购买旅游文创产品的主要客户之一，儿童在选取旅游文创产品时往往会被其可爱的外表及丰富的色彩所吸引，通过对受众群的心理分析将文创产品的文化意味设计成适用于儿童学习的旅游文创产品，从而丰富其教育意义。

如图 6-2-8 所示的“畲乡赋”畲族旅游文创产品儿童绘本设计，创作者将畲族传说设计成为儿童绘本，将畲族人民吃苦耐劳、勇敢独立的精神内涵以卡通画的形式转化到针对儿童设计的旅游文创产品中，在丰富畲族旅游文创产品种类的同时，加强了畲族旅游文创产品的教育意义。

图 6-2-7　滕王阁文创产品宣传海报设计
（图片来源：李鸿祥自摄）

图 6-2-8　“畲乡赋”畲族旅游文创产品儿童绘本
（图片来源：黄诗琪自摄）

如图 6-2-9 所示的“畲乡赋”畲族旅游文创产品设计——二十四节气明信片设计中，创作者以清新的色彩及可爱的畲族人物卡通形象进行畲族旅游文创明信片设计，将中华传统文化中的二十四节气元素与畲族的民族特色服饰和食物相结合，画面中根据不同的节气搭配当季适宜食用的食物进行组合，富有纪念意义的同时也具有一定的实用性。活泼的色彩能够吸引儿童消费者的兴趣，其内容也能够使小朋友了解中华二十四节气，以及学习到各节气适宜的食物，丰富的画面感及文字描述将我国的传统文化鲜活地表现在旅游文创产品设计中，使旅游文创产品富有教育意义，并以此提升其文化价值。

图 6-2-9 “畲乡赋”畲族旅游文创产品设计——二十四节气明信片设计
（图片来源：黄诗琪自制）

文创产品的商业价值

6.3 文创产品的商业价值

时代在不断进步，我国的旅游经济不断发展，其收益呈现逐年上涨的良好态势。据我国前瞻产业研究院发布的《中国文旅融合行业市场前景预测与投资战略规划分析报告》数据统计可知，我国在 2018 年国内旅游人口总数达到 55 亿人次，旅游市场收入达到 5.13 万亿元，入境旅游人数达到 1.41 亿人次，国际旅游收入达到 1271 亿美元。文化旅游消费在火爆升级的同时也在促使着旅游文创产品的创新及其商业价值的不断飙升，越来越多的产业注意到文化创意行业的良好发展态势与旅游文化产品的商业价值。基于其良好的发展前景，在设计旅游文创产品时，设计师应当顺应时代潮流，为文化创意产业与旅游经济的结合提供源源不断的助力。

6.3.1 提升旅游文创产品的经济价值

随着新媒体和自媒体平台的不断发展，人们的生活越来越便利，消费者能够做到足不出户就了解到各地的旅游文化信息，旅游文创产品的宣传及传播方式也不再局限于纸质宣传与区域性传播，旅游类节目及游记书目的广泛传播也为提升旅游文创产品的经济价值打下了良好的基础，利用广泛的传播媒介宣传旅游文创产品是当下旅游文创产品提升其经济价值的良好途径。

在文化创意产业与媒体结合发展的大背景下，旅游文创产品设计行业迎来了前所未有的机遇，设计师需要通过以下三点来提升旅游文创产品的经济价值。

（1）通过增加曝光频率使文创产品深入生活。旅游文创产品是基于旅游经济发展的产物，在移动互联网的时代背景下，旅游经济的便利性也体现在旅游文创产品设计中，对于其宣传推广的平台也越来越丰富，当下流行在广大消费群体中的短视频平台“抖音”“快手”等都是宣传旅游文创产品的良好媒介，通过对这些传播媒介的运用，扩大旅游文创产品曝光率，让文创成为消费者生活中的日常，通过潜移默化的影响引导大众提高对旅游文创产品的兴趣，从而达到文创深入生活，养成大众消费习惯的目的。

（2）通过拓宽传播途径使旅游文创产品紧跟时代的脚步。在互联网飞速发展的时代，依托网络的便利对地域传统文化的旅游文创产品进行推广，做到以“新”带“旧”，使原本沉静下来的历史文化在新时代中重新焕发光彩。

（3）通过打造旅游文化产品生态链提升旅游文创产品的经济价值，以网络宣传结合线下塑造的模式优化旅游文创品牌的生态环境。例如，故宫旅游文化产业生态链的运营模式，故宫旅游文创产品拥有自己的购物平台，同时，也创作了一系列宣传片来对其进行宣传，吸引消费者，如《我在故宫修文物》系列纪录片的广泛传播，使越来越多的消费者对故宫文物的神秘感产生向往。

如图 6-3-1 所示，随着《我在故宫修文物》系列纪录片的播出，许多观众重新激发了对我国传统文化的热情。纪录片将我国“工匠精神”与故宫的历史文物放在同一视角中，一静一动中让精致的雕花金箔重新焕发光彩，通过镜头向观众传达百年文物的历史风韵。通过抓住大众的情感，获得消费者对故宫文物的认可与亲切感，再以这些文物为原型推出旅游文创产品，以此提升故宫旅游文创产品的经济价值。

旅游文创如今已是旅游经济发展的常规状态，旅游文创产品设计

图 6-3-1　《我在故宫修文物》系列纪录片场景创作
（图片来源：李鸿祥自摄）

师除了要挖掘旅游所在地的特色文化元素树立旅游文创品牌形象，为消费者营造良好的旅行氛围之外，也要注重旅游文化产品在经济市场中的发展，要利用现在“互联网＋”的媒体环境培养大众对旅游文创产品的感情，使旅游文化在现代设计的转化中呈现出多样性、多维度、多载体的形态与精神面貌，不断优化旅游文创产品，使其满足消费者日益增长的精神需求，促进旅游文创产品在经济层面的良性发展。

6.3.2　满足旅游文创产品的鉴赏价值

旅游文创产品的鉴赏性是在旅游文化的基础上建立与发展的，旅行行为本身就是人类的一种审美行为活动，人们观看不同的风景、品鉴不同的文化氛围，通过这些行为来提升自己的审美鉴赏能力；同时，消费者通过对旅游文创产品进行鉴赏也能够获得感官上的满足与心灵上的愉悦。设计师赋予旅游文创产品形式和内容创新性的美感，都是在通过物质引导消费者进行审美行为，只有激发消费者对旅游文创产品的想象力，才能达到旅游文创产品鉴赏价值层面的完善。

旅游文创产品是综合多种文化元素经过现代设计处理的文化创意产物，其鉴赏价值是从理性层面与感性层面结合来看的；从旅游文创产品的功能角度来说，旅游文创产品的鉴赏价值可以体现在其材质与使用的便利程度上。

如图 6-3-2 所示，由故宫博物院推出的旅游文创产品“初雪调味罐”，故宫的红墙绿瓦搭配北京冬季大雪的景象给许多旅行者留下了深刻的印象，故宫博物院将这一景点元素与旅游文创产品相结合，将调味料中的盐比作初雪，在旅游文创产品的造型中加入故宫红色的高墙与宫殿前的石狮，让质朴的生活用品既能满足使用功能要求也能具有别样的鉴赏价值。

如图 6-3-3 所示，图中对兰州山水文化元素采用了线描的方式进行艺术化处理，将以面为主的山形用丰富的线条表达在画面中，并选取具有兰州地域风情的标志性色彩加以搭配，设计出了兰州特产茶叶包装文创产品。

如图 6-3-4 所示，对兰州特产茶叶包装的旅游文创产品设计，将兰州山脉图案元素与兰州茶文化相结合，以线性山脉外形结合淡雅的兰州地域色彩，增加旅游文创产品的鉴赏价值。

通过对设计表现手法的运用也能够提升旅游文创产品的鉴赏价值，如图文并茂的纸质旅游宣传品和以旅游所在地山水风貌为元素衍生的旅游文创产品，将具有鉴赏意义的山水风景转化为可见可感的物质商品，不仅能够使旅游文创产品具有经济价值，从旅游文创产品的前期宣传来看，也能使消费者事先感受到旅游所在地的自然与文化氛围，达到提升旅游文创产品鉴赏价值的目的。

图 6-3-2　故宫旅游文创产品“初雪调味罐”
（图片来源：李鸿祥自摄）

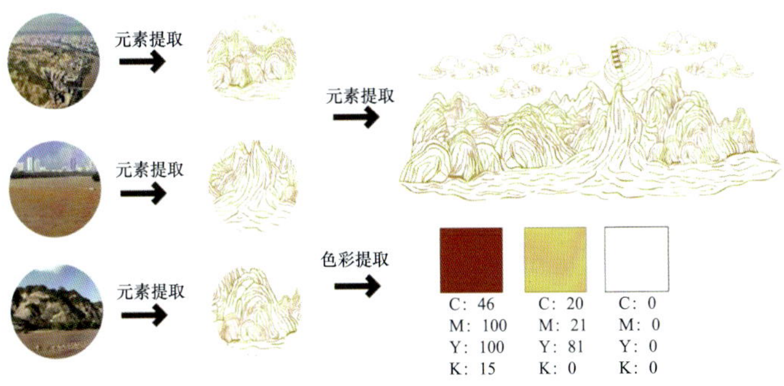

图 6-3-3　兰州旅游文化山水元素提取
（图片来源：王明哲自摄）

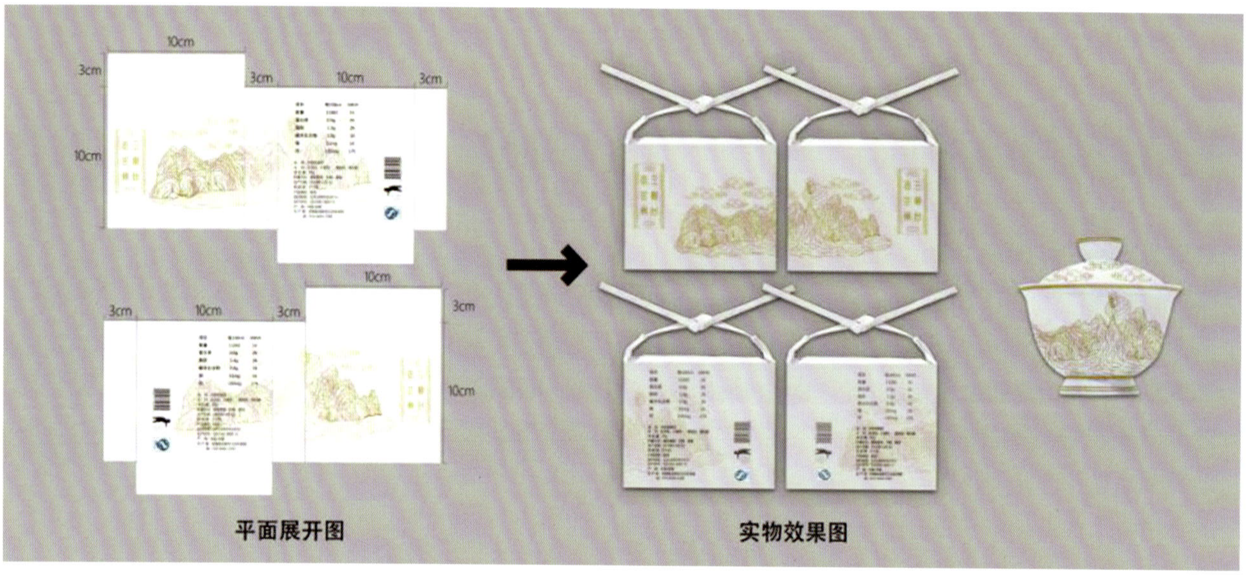

图 6-3-4 兰州旅游文化山水元素茶叶包装设计
（图片来源：王明哲自制）

拓展阅读

文创产品的市场研究方法

文创产品的成功与市场研究密不可分。市场调研是设计师了解目标消费者需求、偏好和购买行为的重要手段，也是制定文创产品设计策略的基础。如今，数据分析和用户行为追踪技术已经成为文创产业中不可或缺的工具。通过这些技术对数据进行收集和分析，企业能够精准识别市场趋势，开发更符合消费者需求的文创产品，从而显著提升产品的市场接受度和竞争力。

文创产品的文化价值与社会责任

文创产品不仅具有经济价值，还承载着重要的文化责任。文创产业的兴起为传统文化的复兴提供了平台，同时也促进了社会的文化自觉和文化认同。设计师在设计文创产品时，应认识到其背后的文化意义，尊重文化多样性，并通过设计将地方文化的精髓传递给消费者。文创产品的文化价值不仅体现在美学和实用性上，还在于它所承载的社会责任，即推动文化多样性和民族团结。

本章小结

本章主要对旅游文创产品的研究价值进行了详尽的描述，主要从旅游文创产品的审美价值和情感价值方面出发，探讨了审美价值中对旅游文创产品中情感记忆和意境美感的营造方法，以及通过对文化价值和经济价值的分析来完善旅游文创产品的内在价值和附加价值。情感价值主要是通过调动消费者对旅游所在地的怀念或憧憬，将这些情感寄托在旅游文创产品中，通过对旅游所在地场景进行转化的艺术手法将情感还原在旅游文创产品中，来提升文创产品的价值；意境美感是通过对旅游文创产品的外形、色彩、线条、图案等外部因素的设计构建象征意义，传达旅游文创产品的格调、意境，以及实现审美价值的提升。文化价值主要是将旅游文创产品中原生文化内涵的提取作为实现途径，其中通过艺术手法转化具有地域唯一性的原生文化是提升旅游文创产品文化价值的重点。旅游文创产品不仅需要将原生文化的内涵完整体现出来，也需要发挥其教育意义，所以，在旅游文创产品的价值研究中，通过设计的方式将我国传统文化和知识注入旅游文创产品中，能够使商业化的旅游文创产品具有教育下一代的意义。通过多方位的价值提升，打造出符合现代价值观、跟随时代脚步的旅游文创产品。

思考与练习

1. 单项选择题：文创产品的研究价值主要体现在（　　）。

A. 提升产品的市场竞争力　　B. 研究产品的成本控制方法

C. 优化生产工艺　　D. 提升消费者的忠诚度

2. 单项选择题：在文创产品的研究中，最重要的内容是（　　）。

A. 研究生产技术　　B. 研究市场需求与趋势

C. 研究材料选择　　D. 研究产品外观

3. 单项选择题：文创产品研究的价值体现在其能够（　　）。

A. 提高产品的文化附加值　　B. 使生产成本下降

C. 提高产品的生产效率　　D. 降低产品的市场竞争

4. 判断题：文创产品的研究可以帮助设计师更好理解文化元素的传播方式，并提高其在市场中的适应性。（　　）

5. 判断题：文创产品的研究不仅限于设计领域，还包括对市场调研与文化传播的研究。（　　）

习题答案

综合实践

1. 经典作品分析

题目：分析“长城文化文创产品”系列，分析其在文化传承与创新设计方面的优势。

要求及要点提示如下。

（1）分析长城作为文化符号在文创产品设计中的融入方式，并探讨如何兼顾其历史价值与现代实用性。

（2）讨论这些设计师如何通过创新设计增强产品的市场竞争力，特别是在国外市场的影响力。

（3）分析这些文创产品的研究价值，特别是在文化产业与旅游产业结合上的研究价值。

2. 创作实践

题目：设计一款具有文化价值且能够在市场上广泛传播的文创产品。

要求及要点提示如下。

（1）设计应当围绕明确的文化主题展开，既要深入挖掘文化内涵，又要实现创新性转化。

（2）产品须具备市场潜力，符合当下消费趋势，并注重产品功能性与文化内涵的平衡。

（3）可以使用现代材料与工艺，增强产品的市场竞争力。

附 录 作品赏析

1.生活用品类文创产品赏析

佛山醒狮闹钟设计
（图片来源：李鸿祥自摄）

江西傩面行李牌设计
（图片来源：李鸿祥自摄）

岭南茶具文创设计
（图片来源：李鸿祥自摄）

徽派建筑书签设计
（图片来源：李鸿祥自摄）

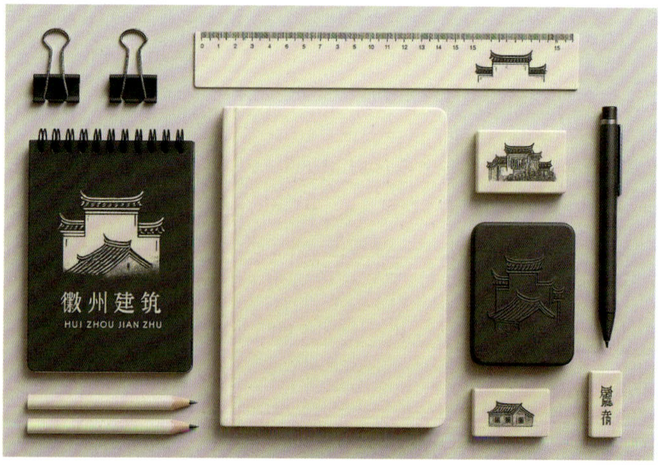

徽州文具设计
（图片来源：李鸿祥自摄）

浙江西塘文房四宝设计
（图片来源：李鸿祥自摄）

徽派建筑书立设计
（图片来源：李鸿祥自摄）

故宫鼠标设计
（图片来源：李鸿祥自摄）

非遗竹编茶具设计
（图片来源：李鸿祥自摄）

客家保温杯设计
（图片来源：李鸿祥自摄）

御林军笔筒设计
（图片来源：李鸿祥自摄）

江西双面神人青铜面具台灯设计
（图片来源：李鸿祥自摄）

江西竹编非遗手提包设计
（图片来源：李鸿祥自摄）

南昌采茶戏戏曲胸针设计
（图片来源：李鸿祥自摄）

江西客家棋盘魔方设计
（图片来源：李鸿祥自摄）

设计水族文化系列文创设计
（图片来源：李鸿祥自摄）

水族乐器系列设计
（图片来源：李鸿祥自摄）

2.创意礼品类文创产品赏析

江西庐山剪影灯设计
（图片来源：李鸿祥自摄）

海南省博物馆夜灯设计
（图片来源：李鸿祥自摄）

广东樵山熏香设计
（图片来源：李鸿祥自摄）

江西上栗皮影戏台灯设计
（图片来源：李鸿祥自摄）

南京博物院纸雕设计
（图片来源：李鸿祥自摄）

江西海昏侯博物馆公文卡设计
（图片来源：李鸿祥自摄）

平遥茶杯设计
（图片来源：李鸿祥自摄）

平遥古城 U 盘设计
（图片来源：李鸿祥自摄）

平遥古城背包设计
（图片来源：李鸿祥自摄）

江西傩面具镇纸设计
（图片来源：李鸿祥自摄）

江西傩面具笔架设计
（图片来源：李鸿祥自摄）

江西傩面具书桌摆件设计
（图片来源：李鸿祥自摄）

傩面具插座设计
（图片来源：李鸿祥自摄）

江西客家民俗填色本设计
（图片来源：李鸿祥自摄）

江西客家民俗拼图设计
（图片来源：李鸿祥自摄）

3.土特产品类文创产品赏析

江西赣南脐橙包装设计
（图片来源：李鸿祥自摄）

江西广昌白莲糕点包装设计
（图片来源：李鸿祥自摄）

南丰蜜桔土特产包装设计
（图片来源：李鸿祥自摄）

庐山云雾茶叶盒包装设计
（图片来源：李鸿祥自摄）

江西安福火腿包装设计
（图片来源：李鸿祥自摄）

江西泰和乌鸡土特产包装设计
（图片来源：李鸿祥自摄）

江西军山湖大闸蟹包装设计
（图片来源：李鸿祥自摄）

九江茶饼包装设计
（图片来源：李鸿祥自摄）

江西奉新大米包装设计
（图片来源：李鸿祥自摄）

井冈山竹笋包装设计
（图片来源：李鸿祥自摄）

江西乐平花猪火腿包装设计
（图片来源：李鸿祥自摄）

瑞金咸鸭蛋包装设计
（图片来源：李鸿祥自摄）

新丰萝卜包装设计
（图片来源：李鸿祥自摄）

乐平桃酥饼包装设计
（图片来源：李鸿祥自摄）

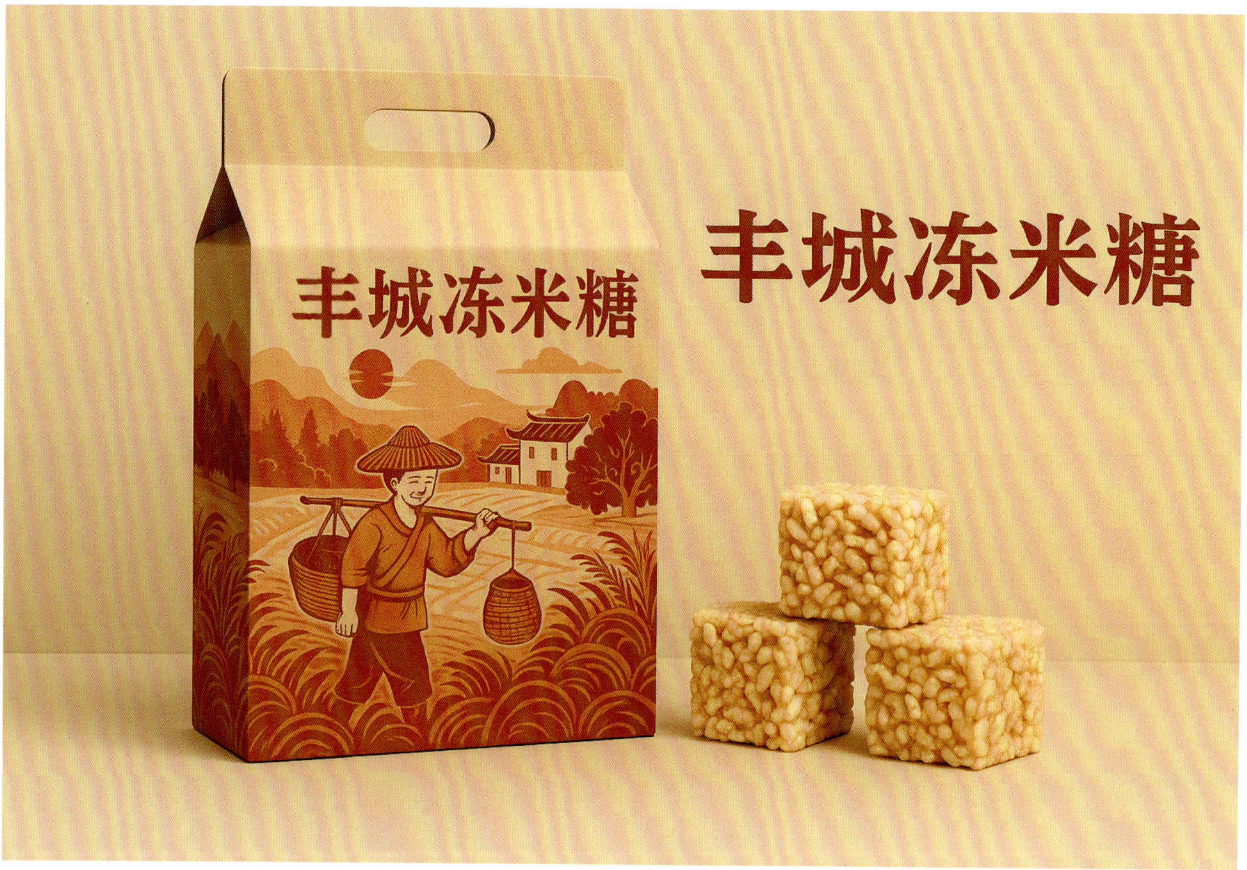

丰城冻米糖包装设计包装设计
（图片来源：李鸿祥自摄）

4.山水风貌类文化元素提取案例赏析

梅岭文创拼图
（图片来源：陈文芳自制）

洗药湖文创胸章
（图片来源：陈文芳自制）

合肥麻饼包装
（图片来源：邛语自制）

5.人文景观类文化元素提取案例

新余崇庆寺元素食品袋、崇庆寺元素食品夹及赠品贴画
（图片来源：黄诗琪自制）

乐平古戏台－戏影铁艺设计
（图片来源：汪梦瑶、涂诗韵自制）

红井遗址元素提取设计
（图片来源：李鸿祥自摄）

参考文献

[1] 王受之. 世界现代设计史 [M] . 北京：中国青年出版社，2002.

[2] 王兴凯，程惠琴. 包装设计创意指南 [M] . 上海：上海科学技术文献出版社，2009.

[3] 郑昱. 生态产品设计研究 [D] . 武汉：武汉理工大学，2009.

[4] 张小艺. 绝对包装 [M] . 南昌：江西美术出版社，2006.

[5] 莎拉·罗纳凯莉. 包装设计法则 [M] . 南昌：江西美术出版社，2011.

[6] 邓海莲，张静. 包装设计造型 [M] . 南宁：广西美术出版社，2007.

[7] 原研哉. 设计中的设计 [M] . 济南：山东人民出版社，2006.

[8] 张雯靖. 视觉文化语境下手绘插画与商业包装的交融 [J] . 包装工程，2016，37 (24) ：220-224.

[9] 陈瑞林. 中国古代图形艺术简史 [M] . 北京：清华大学出版社，2006.

[10] 李砚祖. 艺术设计概论 [M] . 武汉：湖北美术出版社，2009.

[11] 王娟. 岭南文化在广州旅游纪念品包装设计中的应用 [J] . 包装工程，2015，36 (4) ：121-124.

[12] 张琳，尹欢. 注入山西符号的旅游纪念品设计 [J] . 包装工程，2015，36 (8) ：76-78.

[13] 赵勤，李萩敏. 旅游纪念品中彝族装饰纹样的提取与运用 [J] . 包装工程，2017，38 (20) ：240-244.

[14] 王淼. 开封地域文化在开封旅游纪念品包装设计中的应用研究 [D] . 开封：河南大学，2011.

[15] 乔今. 旅游纪念品中的地域文化因素设计 [J] . 包装工程，2015，36 (10) ：113-116.

[16] 杜金玲. 徽州非物质文化元素在旅游文创产品设计中的运用研究 [D] . 天津：天津工业大学，2018.

[17] 唐义，路伯言. 国外图书馆文创产品开发状况及对我国的启示 [J] . 图书馆，2019，(8) ：83-88.

[18] 冯乃康. 首届中国旅游文化学术研讨会纪要 [J] . 旅游学刊，1991，(1) ：57-58.

[19] 陈绘. 民俗艺术符号与当代广告设计 [M] . 南京：东南大学出版社，2009.

[20] 张尧. 基于博物馆资源的文化创意产品开发设计研究 [D] . 苏州：苏州大学，2015.

[21] 卢明慧. 浅谈包装设计与民族文化的传承 [J] . 科技风，2010，(9) ：37.

[22] 刘瑗. 解析图形设计的解构与重构 [J] . 美术教育研究，2012，(23) ：66-67.

[23] 蒲江. 包装材质与设计表达 [J] . 包装工程，2008，(4) ：140-142.

[24] 唐纳德·A.诺曼. 设计心理学 [M] . 梅琼，译. 北京：中信出版社，2010.

[25] 崔勇，杜静芬. 创意思维艺术设计 [M] . 北京：清华大学出版社，2013.

[26] 周剑. 文化传承视角下的江西夏布产品创新 [J] . 新余学院学报，2017，22 (6) ：98-100.

[27] 张燕. 基于情境构建的地域性文创产品设计研究 [D] . 杭州：浙江工商大学，2018.

[28] 叶子琦. 基于杭州地域文化特征的丝绸文创产品设计研究 [D] . 杭州：浙江理工大学，2017.

[29] 江小凤. 基于地域文化的博物馆系统文创产品设计研究 [D] . 合肥：合肥工业大学，2017.

[30] 何倩云，王小元．基于地域生活方式的产品设计方法研究［D］．芜湖：安徽工程大学，2016．

[31] 杨湖月．基于地域文化的特色旅游文创产品设计研究［D］．武汉：湖北工业大学，2016．

[32] 罗高生，邵阳，刘星．傅抱石美术遗产与新余抱石文化研究［J］．新余学院学报，2016，21（1）：56−61．